在學術界謀生存

《在學術界謀生存》
李連江 著

© 香港中文大學 2018

本書版權為香港中文大學所有。除獲香港中文大學
書面允許外，不得在任何地區，以任何方式，任何
文字翻印、仿製或轉載本書文字或圖表。

國際統一書號（ISBN）：978-988-237-055-5

2018 年第一版
2024 年第三次印刷

出版：中文大學出版社
　　　香港 新界 沙田 · 香港中文大學
　　　傳真：+852 2603 7355
　　　電郵：cup@cuhk.edu.hk
　　　網址：cup.cuhk.edu.hk

Surviving in Academia (in Chinese)
　By Li Lianjiang

© The Chinese University of Hong Kong 2018
All Rights Reserved.

ISBN: 978-988-237-055-5

First edition　　2018
Third printing　2024

Published by The Chinese University of Hong Kong Press
　　The Chinese University of Hong Kong
　　Sha Tin, N.T., Hong Kong
　　Fax: +852 2603 7355
　　Email: cup@cuhk.edu.hk
　　Website: cup.cuhk.edu.hk

Printed in Hong Kong

在學術界
謀生存

李連江

香港中文大學出版社

目 錄

序：
幾句「老人言」

本書收集的是我的幾句「老人言」。其實，無論採用哪個時代的標準，我都不能算老。不過，「老人言」無非就是經驗之談，非老人可以説出「老人言」，真老人可能滿口童言稚語。另外，心中有「老人言」的，未必肯説，肯説的未必説透。我的「老人言」，正如我的指紋，僅僅屬於我。

「經驗之談」是褒義詞，好在「經驗」與「教訓」是孿生兄弟，有益的經驗一定來自痛苦的教訓，痛苦的教訓卻未必昇華為有益的經驗。我這些「經驗之談」是接受鞭策的實錄。在學術界謀生存的過程中，我每次遇到自以為翻越不了的坎，都會聽到響亮的鞭聲，隨即背上感到火辣的疼痛。我不願意白白挨鞭子，就硬著頭皮再衝一步，往往就突破了極限。

「老人言」的通病是嘮嘮叨叨。嘮叨其實是一種體貼，是言者生怕聽者不懂。不過，這樣的體貼不會得到體諒。這不是由於聽者不夠忠厚，而是出於人生的必然。每個人都獨一無二，只是獨特程度不同。「經驗」屬於個人，可以溝通的「普遍經驗」是老生常談，

「個人經驗」的有限傳遞介乎「獨特」與「普遍」之間，是一種依靠機緣的「特殊」。我特別希望傳遞的「特殊」是下列四點。

第一，無論做什麼事，每個人都有自己的做法，最適合自己的做法就是最好的方法。但是，這並不意味著每個人都能自然而然地找到最適合自己的方法。掌握方法是個自覺摸索的過程。自覺，就是把自己分身為二，一個做事，一個觀察自己做事，琢磨怎樣做得更好、更有效。這個觀察者不僅觀察自己，也觀察他人；這個觀察者不屑於簡單效法他人，永遠以自我為中心。

第二，定性研究方法，五花八門，爭奇鬥艷，其實歸根結底就是「推己及人」。使用種種技術，比如深度訪談、文本分析、實地觀察、參與觀察，目標都是設法豐富「己」，為的是在「及人」時既避免「以小人之心度君子之腹」，也避免「以君子之心度小人之腹」。定性研究更像無限發揮想像力和創造力的藝術，不像嚴謹的實驗科學。

第三，定量方法有很多技術，要認真對待。但是，工具只是工具，產品質量取決於工匠的靈感和手感。要做好量化研究，更需要「動腦筋」。由於量化方法有墨守成規的慣性，做探索求新的量化研究需要更自覺地「開腦洞」。

第四也是最後一點，時髦的方法，比如「混合方法」和「大數據」，往往是美麗的陷阱。

結尾聲明一句，我的幾句「老人言」，正如一切「老人言」，完全不聽，有可能吃虧在眼前；全聽全信，更可能吃虧在眼前。歸根結底，每個人的本真生命都是獨特的選擇，學者更是獨特中的獨特。

李連江

2017年12月23日

學術界生存總則

在學術界謀生存

　　「在學術界謀生存」，更準確的說法是在標題上加一個「我」字。我的經驗又跟各位有什麼相關呢？只有一點相關，各位要成為學者，可能會覺得學術界是個原始森林，沒進入之前覺得有點恐怖。學術究竟是怎麼回事？學術界究竟是怎麼回事？我可以給各位做點介紹。我可以承諾的是：我說的都是實話，都是良心話，不會騙各位。前些年有本書很紅，書名是《我的成功可以複製》。如果真能複製的話，作者一定不敢告訴你。他成功可以，大家都成功就沒有他了。所以講「我的成功可以複製」一定是假的，百分之百假。我今天講的不是成功經驗，也不可能複製，但是因為學者面臨的問題有相似的地方，你看前邊的人是怎麼過來的，對你可能有點好處。

　　我們先看看今天要講些什麼。首先我會解釋一下這個題目是什麼意思──在學術界謀生存到底是個什麼問題。後面進入正題。生存，能不能活下來，關鍵是有沒有生存意識。我先講什麼是生存意識。後面四項──選題、方法、寫、講，是生存基本功。第六

項「名」，我想各位都有興趣。想做學者，不去經商，那是因為你覺得「名」比「利」更重要。但是我們學者如何處理「名」的問題，「名」到底是什麼意思，有幾種「名」，要怎樣獲得比較好的名聲，怎樣去維護名聲，我們留在最後討論。我要先說明，今天講的是我自己在學術界謀生存的一些經歷，不是成功經驗。我借用錢鍾書先生一句話：「我們在創作中，想像力常常貧薄可憐，而一到回憶時，不論是幾天還是幾十年前、是自己還是旁人的事，想像力忽然豐富得可驚可喜以至可怕。」為什麼提錢先生這句話呢？因為我現在談在學術界謀生存，跟我自己的經歷有關，跟回憶有關，而回憶裏往往有很多創作的部分。所以我首先要提醒自己：不要創作，不要把自己的失敗合理化。同時也提醒各位不要產生誤會，不要以為我是先明白怎樣在學術界謀生存，然後才生存下來。完全不是那麼回事。我的學術生涯不是一步步設計出來的，是一步步摸索過來的。

生存意識

我對學術有我自己的理解，對在學術圈生存也有我自己的理解，跟各位的觀點不一定一致。第一，什麼是學術？學術，包括兩個東西，一個是學，一個是術。學是科學性的一面，術是藝術的一面。我對於學術的理解是：學術是創造、承傳真知的科學與藝術。

學者的任務是什麼？

與此相應，學者有兩項任務——承傳與創新。承傳就是繼承與傳遞。在學術史上，每個學者都是一節鏈條。要盡到學者作為學術史鏈條的職責，實際上是很難的，因為你必須達到前人的最高水平，不然就對不起前人；對不起前人也就對不起後人，就沒有盡到承傳的職責。學者還有一個責任是創新。這一輩子僅僅把前人的東西學會，教給後人，只盡了學者一半責任。創新更難。

為什麼學者要有生存意識？兩個原因，第一，當學者很好。第二，當學者很難。

當學者好在哪裏？

當學者很好，因為學者是精神貴族，很特殊的精神貴族。學術生涯是特權，是衣食無憂地追求自我豐富與自我實現，是有責任、有使命的特權。在當代社會，只有學術生涯真正符合馬克思的勞動理想。按照馬克思的說法，「在共產主義社會，舊的社會分工已經消滅，人們都得到全面發展，每個人都可以依據自己的天賦和愛好自由選擇職業。勞動不僅僅是謀生手段，本身已成為生活的第一需要」。關鍵是勞動成為生

活的第一需要。你去問問各行各業的人，如果他不做這份工作也能生活得很好，他會不會做。我想也許百分之九十幾的人會説能不做就不做。唯獨在學者這個群體裏，你會聽到一個答案，即使做不做學問跟我的收入無關，我也要做學問。對這些學者來説，勞動是他們生活的第一需要，不從事學術活動，他們日子就過不好。正是在這個意義上，學者是精神貴族。

學術生涯還好在它是一個不斷豐富、不斷提高自己、永遠新鮮、永遠有創新的過程。這是作為學者的特權。還有一個好處，學術生涯很長。它是一場漫長的比賽，少説也得二十年、三十年。既然學術生涯很長，我們就不要計較一時一地的得失，要有耐心。各位如果會下圍棋一定知道，一盤棋能下十幾個小時，最後的輸贏可能就是四分之一個子，連半個都不到。但是，最後誰贏誰輸，還是清楚的。

因為當學者很好，所以當學者也很難。難就難在有個學術界。學術界是由學者組成的，但學術界很複雜。學者見面都很客氣，現在不作揖了，但見面總會點點頭握個手。但是跟你握手寒暄的學者不一定尊重你。如果一個學者在其他學者心目中沒有地位，得不到承認與尊重，那他就沒有真正在學術圈生存下來。學術界的生存有很多方面，表面的生存不等於真正的生存。比如，見到一個大學校長，大家會很恭敬他。但是如果這位校長在同行裏面得不到尊重，那麼他作為一個學者就已經死掉了。又比如説，一個年輕

的大學教師，寫了本應時的書，賣得很好，他自己可能感覺不錯。但是，如果學術界認為這本書不是學術著作，是偽學術著作，表面的成功可能就是實質的失敗。寫這樣的偽學術著作，有可能取消自己在學術界生存的資格。在學術界生存就這麼困難。

關於生存意識，總得來說有幾點：(1)學術是創造、承傳真知的科學與藝術；(2)學者是特殊的精神貴族，有兩條精神生命，創新的生命與承傳的生命；學術生涯是專心致志地追求自我豐富與自我實現的過程，是有使命的特權；(3)學術界的多重性：學者的內心與表面；當世學者與後世學者；(4)生存有多重含意；死亡有多重含意；(5)在學術界活法單一，死法眾多，傷法無數。最後這句話有點過頭，我是故意的。為什麼說死法很多呢？江郎才盡，那是自消自滅了；在政治上搞投機，那是把自己的學術生命賣了；去炒作，一炒把自己炒沒了。這些現象並不那麼罕見。

那麼當學者需要注意什麼？怎樣才能增大在學術界生存的機會？我覺得需要注意四個方面：選題、方法、寫、講。

第一關：選題

第一是選題。我們説一個學者是誰，不是講這個學者叫什麼，哪裏畢業，在哪裏工作，首先説他是幹什麼的。所以，學者選題，就是在給自己選身份。我在這裏列了幾條關於選題的建議：(1) 自己真心關懷，要有入世情懷，不要有入仕情懷；(2) 選題須過三關：無愧於先哲，無愧於後賢，無愧於衣食父母；(3) 護路不如鋪路，鋪路不如開路，開路不如架橋；(4) 比同行早半步，冷門就是熱門，要有領土意識，爭取先到者優勢；(5) 在資料或/與方法上有比較優勢；(6) 有可持續性，有二次進攻能力，學術進步的標誌是從與他人對話到與自己對話。我選幾點展開來談。

有什麼關於選題的建議？

我們選題的時候一定要選我們關懷的東西。我説的是關懷，不是興趣。如果學者做的東西不是發自內心關懷，日子很難過。為什麼？因為你一天到晚琢磨那些東西，你如果不是發自內心關懷它，你的日子就很枯燥無味。如果你關懷它，興趣可以持久，如果你不關懷它，興趣是很短暫的。

對於讀研究生的同學來説，尤其是讀博士的同學，選題實際上是選自己的身份。舉個例子，前段時間在網上有一個不知道是真是假的消息，説有人在申請經費時，課題是周永康的法治思想。假如這是真事，拿到經費了，但是作為學者的身份沒有了。選題就是這麼重要。

選題還有一個很重要的考慮，就是不要湊熱鬧。一個學術問題成為顯學了，成了很熱鬧的東西了，我們離它遠一點。我認為選題時最好比別人早半步。早太多不行，早太多誰也不理你。但是要早半步。等你的東西做完了，其他學者跟進的時候你已經可以轉移陣地。早半步最大的好處是可以少做很多人覺得最困難也最不喜歡的事，就是去讀其他學者的東西。讀研究生的同學一定有體會，做文獻綜述，老師總說不全，你又不願意去弄全，覺得很多所謂文獻是垃圾。如果你選的題別人還沒寫出東西，就少了這個麻煩。

選題還有一個考慮是可持續性，這對我們讀博士的同學尤其重要。你讀完博士學位進入學術界了，博士論文是你進入學術界的敲門磚，但是你還得有第二次進攻的能力，所以你的題目得有可持續性。衡量一個年輕學者跟一個年齡比較大的學者，最容易觀察的指標就是看年輕學者寫文章時跟誰對話，資深學者跟誰對話。學術進步的標誌是從與他人對話到與自己對話。如果我們選擇了一個有持續性的課題，在這個課題上進入了最前沿，寫文章的時候就是跟自己對話。跟自己對話也很難，超越自我非常難，但比跟他人對話、超越他人多一點樂趣。

第二關：研究方法

治學方法有廣義，有狹義。廣義的方法其實就是怎樣去經營管理自己的時間和才能。為什麼用經營管理這個詞？我們作為學者，資產是什麼？資產有兩個，一是父母給你的才能，二是你的時間。治學方法就是妥善管理你的時間和才能，以最佳方式使用它們。

在座的都是年輕人，對於時間不一定有特別強烈的意識。我們很難判斷自己的才能，但我們對自己的時間應該有很敏銳的感覺。我問一下各位：你每天除了睡眠吃飯，假定有10小時，這10個小時的質量相同嗎？各位年輕，可能覺得時間的質量是一樣的。但是你只要認真觀察一下，一定會注意到你在一天裏面有那麼一段時間，想問題就好像快刀斬亂麻一樣，思維非常犀利；但是在另外一些時間，你要想困難的問題，根本想不動，像鈍刀割肉。你知道從幾點到幾點是你最好的時間嗎？如果不知道，那就是對自己的時間還沒有進行有效管理。你很可能會浪費掉你最佳的時間，比如用最佳時間做次等重要的事。如果你知道哪兩個小時是你一天最有效的時間，那麼這兩個小時就千金不換，任憑誰找你去開會你都不去。這就是時間觀念。我們的時間其實非常非常少。有效地經營管理我們的時間和才能，是我們在學術界生存最重要的功夫。有的年輕學者在這方面的意識不強。我大概兩年前到上海的另外一個大學去跟年輕老師座談，說你

如何管理自己的時間？

們要保護自己的時間。有個年輕老師後來跟我說，聽了就好像被雷轟了一下。因為他沒有這個觀念，他不知道自己一天哪一段時間絕對不能被別人佔用。這就是我們講的廣義的治學方法，就是妥善管理經營你的時間和才能。

狹義的治學方法就是我們學的方法論之類的東西。這裏，我給各位講三個有點顛覆性的想法。第一，研究方法不是進攻的武器，方法論主要是做防禦用的。你做了一個研究，去開會報告你的研究發現，聽眾永遠都會挑戰你。最方便、最容易的挑戰就是說你方法有問題。這個時候如果你沒有足夠的方法論訓練，就不知道怎麼樣去防禦了。能不能把方法論當成進攻武器呢？當然可以，不過我不喜歡那樣做。學術界抖機靈的人多，踏實的人少，刻薄的人多，厚道的人少。我傾向於趨向少的那邊。

第二個有點顛覆性的想法是，學方法論的目的是敢於違背方法論的禁忌，學了方法論以後你就敢拿「不是」當理說。方法論專家認為必須避免某個作法，你學通了方法敢說我有理由偏偏這樣做。當然，你一定要講出你的道理。比如說，計量方法專家告訴我們不能依據因變量 (dependent variable) 選擇案例。可是，如果我是做類型分析，那麼我就有理由依據因變量選擇案例，因為我並不關心我鑒別的類型有沒有普遍性。你們心裏可能想，李老師是不是專門走偏鋒？我是有點走偏鋒的傾向。我原來不是學政治學的，而

且我對政治毫無興趣。因為我不是科班出身，我看政治學的時候就傾向於認為那些理論沒什麼了不起，包括方法論。我認為方法論的書，成千上百的，大部分是垃圾。誰寫的方法論書值得看呢？你要先看作者自己做不做學問，越是不會做學問的人寫的方法論書越艱深。那麼是不是學問好的人寫的方法論書就值得看呢？也不一定。我給各位講一個自己的例子。我上高中的時候，老師說，你成績不錯，給同學寫一個學習經驗好不好？我就寫了個學習經驗，現在還記得內容。上高一嘛，虛榮心很強。寫的學習經驗包括什麼課前預習啊，課後複習啊，上課認真聽講啊什麼的。寫了一大通以後，我自己看了看，忽然意識到一點，我寫的東西都是我自己做不到的。會做學問的人寫的方法論書很多是這個情況。在座都是優秀學生，你們肯定有這個體會，你們總結的學習經驗大多數是自己做不到的。所以，方法論的書到底要不要看？作為體能訓練，或者作為基本技能訓練，可以看看。我願意向各位推薦三本講方法論的書。一是啟功先生的《啟功給你講書法》。二是 Aaron Wildavsky 的 *Craftways: On the Organization of Scholarly Work*（《手工之道：如何經營藝術生涯》）。三是 Adam Przeworski 和 Frank Soloman 的 *The Art of Writing Proposals*（《撰寫課題申請建議書的藝術》）。其他方法論的書，我要麼沒認真看，要麼覺得沒有用。最壞的方法論書會誤導你，你要相信了它，研究要受損失。為什麼？因為最關鍵的環節人家不告

什麼樣的講方法論的書值得看？

訴你，九實一虛，九真一假。就像做菜做湯一樣，最關鍵的那個東西不告訴你。你如果相信照著他說的就能做好研究，可能就上當了。

第三個想法是疑人不如疑己。這句話並不是我的發明，我是借用了一位高僧的話。元朝高峰和尚「嘗語學者曰：『今人負一知半解，所以不能了徹此事者，病在甚處？只為坐在不疑之地』」（洪喬祖〈高峰原妙禪師行狀〉）。很多研究生和年輕學者開學術會議的時候喜歡攻擊別人，尤其是精通計量方法的，喜歡對其他學者一劍封喉，把人家打得沒有還手之力。有用嗎？有用，對人家有用。對自己有用嗎？不一定有用，還可能有副作用，把別人打得下不來台，會有成就感，覺得自己很了不起，坐在不疑之地，反而誤了自己的研究。我覺得有那個功夫，有那個本領，還是多審視自己比較好。在學術會議上把人家批的一塌糊塗，客觀上是利他主義的，雖然主觀上是表現自己高明。看到人家出了方法論問題，首先想一想我自己是不是有這個問題。懷疑別人是抖機靈，但是在學術界生存靠抖機靈是不夠的，抖機靈不如反躬自問。我開會的時候，偶爾也會注意到其他學者方法有問題，但我不會公開提出來，散會後私下告訴他。你公開講，讓人家下不了台，對你有什麼好處嗎？沒好處。當然，我這個態度跟我的性格有關。公開批評，並沒有什麼不對，關鍵是掌握兩點：第一是要與人為善，第二是要反躬自問。

學術會議時可以攻擊別人嗎？

第三關：寫作與發表

關於寫作與發表，我列了七點，也是老生常談：(1) 研究是思，思就是寫；(2) 樹立讀者意識，樹立半瓶水意識，界定什麼是新；(3) 為寫而讀，知文獻，用文獻；(4) 寫就是修改，修改是極限運動；(5) 工作就是寫，忙碌不等於工作；(6) 百篇半成品不如一篇成品，85% 與 15% 的辯證法；(7) 發表的注意事項：選刊物、匿名評審、編輯、修改、質與量、合寫，健康心態是內在的強大。

我主要談三點。第一，想問題就是寫，寫就是改。你說，我想好了再寫，那不可能。想明白了再去寫，那你永遠都寫不出來。改文章要改到什麼境地？改文章是極限運動，改到你有生理反應才行。什麼生理反應？就是噁心。沒到那個地步，意味著你還沒有盡到最大努力。跑馬拉松是什麼境界？我沒跑過，不過一個經常跑馬拉松的朋友告訴我，就是要達到生理極限。我們剛才說，學者一輩子都在發展自己的能力，怎樣才能發展自己的能力，當然是要達到極限，不斷突破極限，這才是發展，不是發揮。寫一篇文章就是突破一個極限。如果一篇新文章沒有超出前一篇文章的水平，那意味著你作為一個創新的學者已經半死不活了，走下坡路了。這個時候，你可能就需要收斂了，把更多的經歷放在你的另一條學術生命上，就是承傳。

修改文章要到什麼程度？

第二，你有一百篇半成品，不如有一篇成品。我認識一個學者，他寫過四十多篇論文，但一篇也沒在學術刊物發表，都是半成品。我跟老朋友陳峰教授議論這件事，都覺得如果這位學者把他在這四十多篇論文上花費的聰明才智和時間精力，集中用在四五篇文章上，一定可以發表出來。但是有些學者就是做不到這一點，他們非常聰明，非常敏銳，但是缺少耐心。寫文章時圖新鮮，只追求創作的快感，等到需要精雕細琢時，就嫌無聊，放棄了。這是百篇半成品不如一篇成品的第一層意思。還有第二層意思。半成品並不意味著沒有發出來，發表的東西可能也是半成品。所謂成品，就是你真的投入了百分之百的努力，把它做到了百分之百的水平。一個學者的地位，往往就是靠幾篇好文章，甚至是一篇好文章。有的學者，特別是年輕時就出大名的學者，往往掉進半成品陷阱。他們發表文章太容易了，很自然就放鬆了標準，結果就是百篇半成品出爐，看起來風光，實際上製造的是學者們鄙視的水貨。

　　第三點也是最後一點是，怎樣對待匿名評審。我覺得匿名評審是把雙刃劍，不是羅爾斯（John Rawls）所說的無知之帷幕。具體說有兩點：(1) 匿名的帷幕把學者的眼高手低變成編輯的寶貴資產。學者眼高手低，無一例外。眼高手低不是缺點，眼界高，手下功夫才有希望提高；眼界低，優劣不分，斷然沒有提高手下功夫的希望。匿名讓學者們充分施展批判力；(2) 但匿

名的帷幕也讓某些評審者放縱不良心態。競爭對手有時變成私人對頭。批評不是與人為善，而是為了把別人一棒子打死。受虐者最容易變成施虐者。

　　剛才說在學術界傷法無數，很多學者受傷就發生在匿名評審這個環節。看了匿名評審的意見，第一反應是很憤怒：老子不伺候你了。但是，我們必須堅持，套用一句革命口號，堅持就是勝利。為什麼堅持？原因很簡單，不堅持就認輸了，失敗了。匿名評審是學術制度，不能適應這個制度不就等於脫離學術界了嗎？我覺得匿名評審是最符合人性的學術發表制度，不是天使制度，也不是魔鬼制度。評審者個個忙得焦頭爛額，評審稿件對自己的研究沒有直接幫助，因為絕對不能利用評審為自己牟利。評審是盡義務，這義工還不好做，因為得認真看論文，用心琢磨怎樣把論文補強改好。認真負責的評審不僅是編輯的寶貴資產，也是作者的良師或嚴師。既然是嚴師，就難免說點刺耳的話。我們不妨設身處地想一想，假定你從來沒給某個權威刊物做匿名評審，突然收到編輯邀請，你第一反應是不是覺得自己的研究水平得到了承認？你是不是會認真評審，讓編輯對你刮目相看？你寫得越有批判性，越有針對性，編輯越認為你評得好，下次還找你，因為你幫了他的忙。可見匿名評審確實能調動評審者的積極性。認真負責的評審，會用單行距兩三頁篇幅非常詳細地告訴你文章應該怎麼改，為什麼這麼改。我們可以在評審過程中學到很多

面對匿名評審，應有何種心態？

匿名評審有何合理之處？

東西。我自己有篇文章，有位評審概括得非常精當，我自嘆不如。當然，這是應然，實然與應然總是有差距的。我們都知道邱吉爾（Winston Churchill）怎樣評價民主，他是這樣說的：「在這個罪惡世界上，人們試驗過很多政府形式，而且還會繼續試驗下去。沒有人聲稱民主完美無缺或十足智慧。其實，有人說過，民主是最壞的政府形式，只不過它並不比古往今來人們已經試驗過的那些政府形式更壞。」匿名評審相當於學術發表中的民主制度。

面對匿名評審制度，怎樣才能堅持下來？

面對匿名評審制度，怎樣才能堅持下來呢？堅持有三個要素。第一是要有信心，相信自己能寫。第二是要有耐心。對自己有耐心。文章寫出來，人家把你評得一塌糊塗，你很憤怒，表面上看你是針對評審，不滿，實際上是對自己沒有耐心。怎樣來培養耐心？很容易，你提醒你自己：我不是天才，我做的東西有缺點很正常。就提醒一句，保險奏效。第三是要有恆心，確信自己能寫得更好。這跟第一點有關係，但不完全一樣。我的體會是，匿名評審說我的文章不好，百分之九十的時候是對的。所以，只要編輯允許我修改再投，我基本上都會修改再投。一次修改不行就修改兩次。不要介意編輯冷冰冰的口氣。編輯永遠是高高在上的，永遠是一副不求有功但求無過的姿態。他們不在乎流失文章，甚至不在乎流失好文章，只在意千萬不要發表壞文章。我雖然也抱怨有的評審強人所難，但是我能理解他們用心良苦，或者說願意假定他

們用心良苦。我前面說過，研究是極限運動，單憑自己的意志就能突破極限的是天才，我不是天才。評審相當於手裏拿著皮鞭的工頭，能夠有效地逼迫我突破極限。這聽起來有點自虐。不過，除非你是天才，突破極限跟自虐確實區別不大。

有了這三心：信心、耐心、恆心，你就有了內在的強大，你就不怕匿名評審了。順便說一句，內在的強大是弗洛姆 (Erich Fromm) 的說法，出自他的《愛的藝術》(*The Art of Loving*)，整句話是這樣的：

> 所謂成熟，就是已經創造性發展了自己的能力，就是只想擁有自己勞動的成果，就是拋棄了對全知全能的自戀夢想，就是獲得了謙卑，謙卑的基礎是內在的強大，而內在的強大只能來自真正創造性的活動。

第四關：學者三講

學者有三講，各有各的講法。

第一，找工作，做求職報告，要素是一定要講，千萬不要讀，千萬不要念稿子。因為你去找工作的時候，賣的是潛力，潛力是什麼？就是你足夠聰明，不是你做了研究，就值得你拿到這份工作。求職報告是游說用人單位購買期貨，聰明是期貨潛力，比現有

求職時對方最看重的是什麼？

實力更重要。人家要聘用你，是看你來了以後能做什麼，如果你去了以後，一開始就開始念講稿，就麻煩了。

第二，講課。年輕老師講課，有時不受學生歡迎，原因是學生覺得太高深，跟不上。講課不是炫耀學問，向學生證明你是博士，沒這個必要。你不是博士，沒有學問，就站不到講台上。所以，我們講課的時候，永遠是要幫學生學會這個東西。學生聽不懂，說明自己沒講清楚，講不明白證明自己並不真懂。要講好課，要點之一是記住自己學的時候走了什麼彎路，遇到了什麼難點，怎樣克服了難點。在這個意義上，可以說天才當不了好老師，因為他一看就懂，腿長千米，從一個山頭一步就跨到另一個山頭。我們這樣的普通人，腿短，要先下山，再上山。天才無法理解我們的苦衷，當然就幫不上忙。普通人如果當不好老師，要麼是記性差點，要麼是虛榮心太強，一旦學會了就忘了自己不會的時候是什麼樣子，甚至不願意承認自己曾經不懂，不願承認自己學得很辛苦。

第三，學者在學術會議上發言，是向同行彙報你的研究結果。有的時候，我聽到有些年輕學者在大會上發言，第一反應就是他們的老師沒有盡到責任。怎麼可以這樣發言呢？15分鐘發言時間，12分鐘講廢話，最後只剩2、3分鐘了，說我時間不夠了。這樣只能讓聽眾認為你根本沒有真東西可講，就是在表演。在會上發言，不是件小事。輕易不要去發言，你搞砸

了一次，人家記你一輩子。你有一個地方很優秀，別人看不到，你哪個地方露出了缺點，他一下就看到了，永遠記得，下次見到這個人，就說這個人上次講砸了。我有句話，我們系的研究生大部分知道，我說學術界都是聰明人，大部分是壞人。後半句傷眾。為什麼說大部分是壞人，壞人的標準很簡單，不與人為善，專門盯著找你的缺點，找到了就一針見血甚至一箭封喉，這就是壞人。

學者的名與利

在名利問題上，我跟別人的理解可能不大一樣。

學者要不要講利，學者當然要講利。樂道不意味著安貧。貧困不是尊嚴，清高是性格缺陷。如果一個國家的學者是貧困人口，那是這個國家的政府沒有盡到責任。如果一個學者因為相信什麼安貧樂道，而讓自己的家人過不下去，那這個學者是沒有盡到自己天職。學者當然是要有講利的，當然這個利不是要發財。

學者要不要講名，當然要講名。一個學者如果不好名的話，那不正常。因為學者除了名聲一無所有。我們發不了財，我們也當不了官，我們無權無勢。一個學者一輩子下來，學術生涯求的就是名，名是你尊重和承認的人對你的尊重和承認。根本不了解的人

對你尊重，那叫虛名，很壞的人對你的尊重，那叫惡
名。好名是自尊也是尊人，好虛名是自戀，好惡名是
自虐。韓愈說：「內不足者，急於人知。」學術生涯
有不同階段，各有規則，慎防越位。年輕學者，最容
易出問題的地方，也是年輕學者死得最快的一條路，
就是炒作自己，炒作就是自殺。在學術界經常遇到很
狂的人。我覺得，學術界以超天才自居的人，萬分之
一真是超天才，其他都是瘋子。有沒有區別？有，
瘋的程度不一樣，瘋的長短不一樣，瘋的場合也不一
樣。有的人瘋一分鐘，馬上就清醒了；有的人可能瘋
十年，最後也清醒過來；還有的人瘋一輩子。悄悄地
瘋，關起門來瘋，在情人或家人面前瘋，能給自己鼓
鼓勇氣，增強點自信，至少無傷大雅。楊絳先生在《我
們仨》這部書裏有句話：「鍾書曾說：『一個人二十不
狂沒志氣，三十猶狂是無識妄人。』他是引用桐城先輩
語：『子弟二十不狂沒出息，三十猶狂沒出息』；也是
『夫子自道』。」有志氣的狂是給情人看的，屬私下狂。
大庭廣眾下瘋，炒作，那是公開瘋，堅持不斷地炒是
堅決徹底地瘋，即使後來不瘋了，給人家留的印象仍
然是瘋。實力雄厚當然不怕炒，但實力不足而自炒是
自殘甚至自殺，接受別人炒是找死。聰明但不寬厚的
學者嗜好醜聞，學術界基本上沒有第二次機會。

謀生存問答 [1]

李老師,我們會面臨一個問題,要不要進入這個江湖。
所以我想問問您,選擇進入學術界,究竟要這個人有哪
些特徵?它會給這個人呈現哪些窘境?

什麼樣的人適合進
入學術圈?

　　這個問題我回答不了,因為我的生活過程中沒有
選擇的空間。我很小的時候就知道我只有一條活路,
就是讀書,這是我唯一的活路。如果你有其他選擇,
比如說你可以去當律師,可以去做生意,可以去當
官,那麼要不要來讀書?這個問題我確實不敢回答。
你說什麼樣的人可以進入學術圈,我有個可以參考的
答案,就是,什麼樣的人應該去當音樂家?只有一個
答案,就是,這個人離了音樂活不了,至少是活不
好,只有這樣的人才適合當音樂家。音樂實在是個艱
難的生涯,就算很有才能的人在音樂界要活下來也非
常困難,活得好更加困難。我們比較一下,年輕一代
有兩個非常有名的鋼琴家,一個是李雲迪,一個是郎

1　由 2015 年 4 月 2 日在上海外國語大學國
　際關係與公共事務學院學術部縱橫講座
　第三講課上問答整理而成。

朗。很多人不喜歡郎朗，但是他活得很好。李雲迪紅火過一陣子，現在作為藝術家似乎有點半死半活。這麼有才能的人，都會遇到這麼大的問題。學術界比藝術界好一點，沒有那麼凶險，因為你不是經常到觀眾面前表演，更不是每次表演都不能出錯兒。

如何決定是否進入
學術界？

我覺得，決定要不要去做學者，要不要讀博士，或者要不要選擇學術生涯，可以考慮到兩個因素，一個是你自己是不是很看重開發你自己，如果你很看重，那麼學術生涯是一個很好的選擇。還有呢，是需要有一點點信心。信心對於學政治學特別重要，進入政治學這個學術界，你有沒有信心做到最好的10%？甚至最好的5%？如果覺得不那麼看重開發自己的才能，沒那個上進心，不想去做到最好的10%、5%，或者沒有信心做到，那去做別的行業會好一點。這也是我當年跟我大女兒講的原話。我說你去學政治學，一定要讀到最好的5%，如果去讀商學，讀其他工作市場比較大的學科，你只需要做到最好的50%。為什麼？因為學術生涯是個特權，工作崗位非常少。一旦有人佔了一個工作崗位，30年不會空出這個位置。如果有選擇餘地，選擇要不要進入學界，要不要進入社會科學界，得慎重考慮，看你自己的價值取向。我這裏絕對不是鼓勵大家都來學政治學，那樣會坑很多人。

我是國際關係專業的學生。您說過,做學問比別人要領先半步,還要有比較優勢,那麼我想問一下中間的尺度應該如何把控?這種能力可不可以訓練出來?

這是個很好的問題。我們選題要比別人早,還要有自己的比較優勢,做到這一點確實很困難。我認為在這問題上剛好有一個成功的例子——唐世平老師,他是做國關的。你如果看一下唐老師做學問的路子,會得到很多啟示。他不走主流,利用的優勢恰好是他的多學科背景,而他想問題確實比別人要早半步。我相信如果他去做主流研究,比如國際關係中的現實主義、建構主義、理想主義,唐老師永遠出不了頭。西方學者從本科就讀那些經典著作,唐老師什麼時候才開始讀國關的東西?所以,如果做國關研究,中國的經濟發展就是中國學者做國關理論最大的比較優勢。中國崛起,或者說中國的經濟發展,對國際關係會產生什麼影響?對國際關係理論會產生什麼影響?你敢不敢想這個問題,敢不敢從跟別人不一樣的角度想,可能就決定了你作為國際關係學者能不能得到其他人尊重。我不懂國關,只能這樣含糊地講。

關於選題,您之前提到開路不如架橋中的架橋是指什麼?另外,您剛剛提到的中國崛起實際上是一個很熱門的話題,如何從這個熱門話題中找到別人做不到的課題?還有就是學術界有許多一脈相承的觀點,如果去挑戰一些約定俗成的觀念,應該怎樣處理呢?

我們還用唐老師來做例子。唐老師並沒有挑戰任何人，他也沒有去修正任何人，他就是講出了他自己的一些想法。你說中國崛起對國際關係的影響是個熱門題目，它可能是一個熱門話題，但未必是一個熱門課題。這兩者是有區別的。話題是大家都敢說的東西，我對國際關係沒有任何研究，也敢議論這個問題，這叫話題。課題是只有專家才敢發言的東西。和平崛起這個詞提出來的時候李光耀先生就認為不聰明。據說是中央黨校某位老師提出來的。這個老師只是用中文在想問題。在中文裏，和平崛起似乎沒有明顯矛盾。但是，一旦把它變成西方文字，和平崛起就變成自相矛盾。如果我去研究中國過去三四十年的變化對國際關係的影響，我首先要看看中國過去這三四十年到底發生了什麼變化。我們講影響，一定是講某一個東西的影響，問題是那個東西究竟是什麼。我想，這個問題在我們內地的理論界也好，輿論界也好，學術界也好，是沒有一致意見的。有些很無聊的人講中國過去三四十年創造了一個所謂的中國模式，胡編亂造一些東西，說這就是中國模式的要素。我覺得這不是做學術研究。中國發展可能有自己的模式，但這模式只能根據事實總結出來，根據實證研究發現它，不能坐在書房想當然地編造出來。

為什麼護路不如鋪路，鋪路不如開路，開路不如架橋？我自己覺得，在學術界，尤其是年輕學者，儘量不要去寫那種「與某某某商榷」的文章。你寫這樣

與「某某商榷」的
文章值得寫嗎？

的文章，就相當於是在護路，維修路。你與某某某商榷是先承認他做的東西很重要，你做得再好也還是先承認他做的研究很重要；你的目的可能是想駁倒他，但你的作法本身是維護了他。如果一個人做的東西是荒謬的，是毫無價值的，你認為是垃圾，最好的辦法是不理他。有些學者到中年後會有危機感，往往是因為他們寫的論文都是在還擊別人。大家知道，在拳擊比賽中，有主動出拳的一方，有反擊的一方。在學術界，儘量不要做反擊的一方，要做出拳的一方。另外，這裏有個難度問題。護路、鋪路、架橋之間有難度差別。架橋是最困難的，但是你一旦架了橋，在學術界就有了優勢。你開出一條新路，人家到這裏來不一定會走你的新路，可能另外開一條路。但如果你架起了橋，大部分學者會從這個橋上過去。在境外有些大學的學術考核中，會考慮到引用率。一篇文章怎麼才會被別人引用呢？有兩個條件。第一，文章裏一定要有一句話，只需要一句，能把文章點透。這就相當於你要拎一個包，如果包沒有提手，肯定很難拎，有提手，有那句話，就好拎了。第二，在某個問題上，你這篇文章是一座橋，大家必須走過去，繞不開。做學問不光要給自己界定一個身份，還要有點市場意識。我這裏講的護路、鋪路、開路和架橋就是這麼個區別。

　　諸位可能會問，你是不是做到了這一點？我可以很不謙虛地告訴各位，在一個問題上，我做到了這一

如何讓自己的文章被引用？

點。就是在中國農民的政治行為分類上。我有一篇與歐博文（Kevin J. O'Brien）教授合寫的文章是1996年發表的，到現在已經快20年了，仍然有人引用。因為只要研究中國農民的政治行為，就繞不開它。這篇文章不是一條路，是一座橋，你一定要從橋上過去才能進入這個領域。另外，我基本上不寫跟別人商榷的文章。只有一個例外，是我2010年時寫了篇文章跟哈佛大學的裴宜理（Elizabeth Perry）教授商討權利意識與規則意識的區別。那篇文章我寫得畢恭畢敬，但是如果認真看是能看到一點鋒芒的。寫這樣的文章完全不符合我的個性。我不跟別人辯論，別人批評我，我坦然接受，但是不回應。我不是不尊重批評的人。問題是，你認為重要的東西，我也知道重要；你認為我有缺點，我比你更清楚我的缺點；你認為我的文章有漏洞，我當然知道我的漏洞在哪裏。所有自覺的學者寫文章的時候都知道自己的漏洞。寫文章時，一個很重要的功夫是掩蓋自己的漏洞，讓評審看不出來。在學術界，如果你總是跟別人商榷，總是去和別人辯論，那你永遠都只能起輔助的作用。這個作用是不是重要，我很難判斷。但是我覺得從投入和收益的角度看是不划算的。我們研究一個問題，研究完了馬上就知道現在這個研究是有漏洞的，你不需要等別人來批評你。這和我剛才講的那點是一樣的，我不去懷疑別人。懷疑別人是利他主義的作法，批評別人，指責別人，挑戰別人，都是利他主義的作法。我是個自私自

利的人，寧可花時間和精力懷疑我自己，因為這樣對
我自己有幫助。

李老師好，我來自國際法專業，現在面臨一個困惑：有
的問題用法學的研究方法，但是同時要用歷史或國際關
係的研究成果和方法。這時，一個歷史門外漢或國際關
係初學者就會面臨其他人在方法方面對我們的挑戰。對
於我這樣一直純粹學習國際法，現在面臨著要學習多學
科知識的人，您能否給一些建議？

做學問最重要的不是方法，是我們想問題的角
度。如果我們對自己想問題的角度有信心，那麼在方
法上應該勇敢一些。如果你研究國際法問題要使用歷
史等其他學科的東西，你沒有必要嚴格按照這些學科
的行規做，要採取「為我所用」的態度。打個比方說，
大家既學母語，又學外語，如果你用達到母語水平的
要求學外語，那是不現實的，但我們都可以用外語。
這個道理也適用於學習和使用其他學科的知識。比如
說歷史，歷史要花一輩子功夫才能學通。我們這些不
專門研究歷史的人不可能像正統的歷史學家一樣把歷
史搞清楚。但是，歷史研究的有用性，或者說，怎樣
使用歷史研究的成果，搞歷史的人不一定清楚，清楚
的反而是我們這些旁觀的人。如果我們只是使用歷史
學研究，那麼從我們的角度看到有用的東西，就把它
不客氣地拿過來。

研究時該如何面對
和處理其他學科的
知識？

不過，要提醒你一句，用的時候要認牌子，學術界的品牌比商業界的品牌更重要。比如說，如果我們要用中國歷史地理研究，就要看復旦大學譚其驤教授和他門下弟子的東西，其他做歷史地理的可以不管。只認復旦這一塊牌子就可以。你只要掌握了某個領域裏邊公認的最響的那塊牌子，就可以去用它，第一你用的很放心，第二很安全，誰也不敢輕易挑戰你。

您曾經說過，定量是科學，定性是藝術，藝術高於科學。而現在社會科學核心期刊很多文章是用建模、定量的方法。我想問您怎麼看待這種傾向，您真的覺得定性要比定量重要嗎？

定性和定量誰更重要？

定性可以做得很好也可以做得很糟，定量可以做得很好也可以做得很糟，這兩個方法本身是沒有什麼優劣的。但是有一點我們要注意，所有的研究都是從定性開始的，如果定性研究還沒有做好就開始做定量研究，那你收集的數據是不可靠的，你處理的方法不管怎麼精確，最後得出的結論都是垃圾進垃圾出。我舉個例子。政治學裏有個很重要的課題叫政治信任。有些調查中國人政治信任的問卷採用世界價值觀調查的問題，問兩問：第一，對中央政府的信心，第二，對地方政府的信心。但是，如果我們問一下自己，中國的地方政府到底是誰，中國的地方政府跟美國英國那樣的地方政府，是一回兒事嗎？如果說中央以下的政府都是地方政府，那不得了啊，一個河南省一億多

人口，比歐洲最大的國家德國人口還多。你說河南省是個地方政府，可能概念出問題了。如果用這樣的數據，模型建得再漂亮，分析得再精緻，結果也可疑。因為你不知道數據在說什麼。但是，定性研究做好了，下一步是需要定量研究的。我強調定性研究有藝術的成分，因為它創造性成分更多。我們做定性研究之前不知道研究對象究竟是什麼，要知道它是什麼，有時候是要拍腦袋想一想的。就像我們發現了新物種，要給它命名，命名不是件容易事。沒有命名之前，你不知道它是什麼，當然就談不上測量。我們剛才舉國際關係作例子，如果要探討中國過去三四十年的變化對國際關係理論的發展是個什麼樣的挑戰，什麼樣的發展機會，首先要知道中國過去這三四十年究竟發生了什麼變化，這是定性研究。定性定得不準或不客觀，後邊的研究再精確也沒有用。

在方法論上有個普遍現象，就是做定量的人敢說看不起做定性的人，做定性的人不敢說看不起做定量的人，這是由市場決定的。做定量研究的門檻稍微高一點。門檻高一點，入門的人就有一種優越感。實際上做定量研究出垃圾的可能性更高一些。有些做定量的人有方法論優越感，實際上是不自信，他們不知道定量研究的局限性，才去炫耀定量研究多麼優越，真正懂計量方法的人是不會炫耀的，他不會炫耀說我做的定量有什麼了不起，因為他知道定量研究裏的貓膩多得很。我自己是既講定性研究，也講定量分析，

我當初花時間研究定量方法，最主要的動力不是要用它，而是覺得有些做定量研究的人在騙我，我得先學會才知道他們到底是怎麼騙人的。這是一個很強的學習動力，也是個很健康的學習動力。如果哪位同學學外語動力不足，你可以看看你很喜歡的作家的作品，比如說你很喜歡英國的奧斯丁（Jane Austen），然後看看中譯本，你覺得譯得很差，再去學英文，動力就強了。

我對做研究有個困惑：一個好的研究問題可能需要一個好的理論，但是當你發現你的理論不能解釋你觀察到的這些現象的時候，問題就來了。我不知道您對於我這個困惑怎麼看？

　　我講的經驗可能對於你不太適用。我的學術背景跟很多人不一樣，我不是學政治學科班的。我1990年到美國讀政治學，去之前政治學的書我一本也沒看過。但是，我對政治的研究有一個關懷，這個關懷是什麼？1990年是個很特殊的年份，大家都知道這個背景。我當時的學術關懷就是1945年毛澤東和黃炎培在延安窯洞的那個著名談話：中國的歷史週期律。你看週期律的發生，會注意到一個現象，就是在中國歷史上，普通老百姓，就是農民，政治行為好像是走極端的。要麼就不說話，要麼就揭竿而起。那如果普通民眾永遠是這樣一種行為模式的話，歷史週期律是打不破的。只有等普通民眾有不同的、替代的行為方式，在揭竿而起之前用有影響力的手法對政治形成壓力，

執政的人要回應這些壓力，在這樣一個慢慢互動過程中，才可能不再用戰爭的方式來玩政治，而是用磋商的方式來玩政治。這不是說我們有一個目的，一定要走到自由民主，不是那個意思。歷史週期律為什麼值得研究？再講個背景。我上大學的時候讀過范文瀾先生的《中國歷史》，范先生講了一個我們每個中國人看了以後都會驚心動魄的歷史事實，就是每次大的朝代更迭以後，中國人口減少一半。所以，我們不要把歷史看得那麼輕鬆，像背唐宋元明清，這樣學歷史是把歷史浪漫化了，沒有感到歷史的沉重。我們的國民教育最大的問題就是把歷史浪漫化、演義化。這幾天我在上海，講完課沒別的事幹，只能看看電視。看電視時，我覺得最大的問題就是把歷史題材高度浪漫化、高度演義化、完全不嚴肅。你根本體會不到歷史的沉重性。一個民族，如果沒有建立沉重的歷史意識，永遠都是很輕浮的，會遇到巨大的問題。你剛才提的問題我這樣理解，就是如果你有一個關懷，你就會注意到一些別人還沒有充分解釋的事實，這可能是做學問更容易走的路子。如果你是靠讀文獻、讀理論找新課題，可能很困難。我自己從來沒有這樣做過。研究中國的問題，我們中國學者有個巨大的優勢，就是我們國家過去這三四十年的變化，在很多方面相當於歐洲歷史幾百年的變化。那就相當於把人家幾百年走的路程用三四十年走完了。這究竟是好事還是壞事，很難評斷，但至少對我們研究中國問題構成了很大的優

勢，有很多新的東西，很多前人沒有解釋的問題。我們可以根據新的事實做研究，看現有的理論能不能解釋它，解釋得是不是完滿，如果不完滿，就需要理論創新，這是很自然的過程。我不知道你具體研究什麼，所以沒辦法講得更具體。

我提個技術問題，寫作有沒有秘訣？

　　我沒有秘訣。我寫文章一般會有幾天徹夜不眠，只有幾天。為什麼會有那樣的情況呢，我要讓大腦進入高度興奮狀態，進入創造狀態，需要很長時間預熱。這個時間是做最難做的那一部分。比方說寫理論文獻的綜述，找不到明顯缺點，只有去隱含的假定裏面找弱點。我只有一點體會，可能對你有用。寫東西不是一天可以寫完，那麼在什麼時候停下來呢，這有點講究。我永遠都是在我知道下一步寫什麼的時候停下來，想不通的時候不敢輕易停下來。因為停下來也睡不著。還有，第二天很難重新開始，因為你心裏有很強大的抵制心理。基本上清楚下一步做什麼了，這個時候不要戀戰，停下來，停下來你很安心，能睡好，第二天也容易恢復工作。

寫作何時停筆最好？

對於一個初學的人來說，文獻有那麼多，似乎怎麼也讀不完，要怎麼做文獻綜述呢？

　　我在中大講課的時候和在其他學校做講座的時候

反覆強調一點，文獻是什麼，我們為什麼要看文獻？我們為什麼要掌握文獻？文獻是給我們搭臺子的東西，我們寫文章的時候永遠講我們的研究是新的，那你怎麼證明你的東西是新的呢？證明的方法就是綜述文獻。綜述文獻就是說明這麼一個事實：現在的研究裏，做得最好的做到了這一步，但他們做的比我還差一點。這就是文獻綜述唯一的功能。我們看文獻，就是為了給推銷自己的研究發現搭個臺子，搭個很公平的臺子。做文獻綜述時務必公平評價其他學者的成果，甚至不妨把別人的研究誇獎一番，千萬不要貶低別人。別人做得好，你做得更好，才有意思；如果別人做得差，即使你做得比他們好一點，也不說明你做得好。

為什麼要做文獻綜述？

年輕學者面對文獻永遠覺得文獻太多，希望把文獻完全掌握。有沒有可能？沒有。你今天做完了前面的，今天又出了新的。你如果跟著文獻走的話，永遠是跟著別人跑，而且還不是緊跟著別人跑，你比別人還晚兩三年，因為有個出版週期。我們一定要樹立一個觀念，就是要使用文獻而不是要掌握文獻。完全掌握文獻第一不可能，第二沒必要。我打個比方，看文獻非常像我們買衣服。你如果不知道是給誰買衣服，或者不知道自己的喜好、尺寸，去大街上看，到處是衣服。但是，如果你知道自己想買什麼樣的衣服，比如夏天到了，你要給自己買夏天的衣服，買某種場合的衣服，你去商場裏看，會發現合適衣服很少。如果

文獻太多，怎麼辦？

你要給你的男朋友或女朋友買衣服，衣服就更少了，因為你知道你的男朋友或女朋友穿衣服的特殊喜好、品味。你如果有了這些具體的想法，就會發現衣服特別少。對於研究者來說，關鍵是你自己有沒有東西，如果你自己有想法，有新的觀察、新的解釋，那是你自己的東西，你要推銷自己的東西時候，就會發現相關文獻很少。

怎麼做文獻綜述？

所以，我們對待文獻可以分兩步走。第一步，我們需要知道文獻，用諸葛亮的讀書方法，大家看《三國演義》肯定有印象，叫做「獨觀其大略」。一本書翻一翻，知道大概什麼意思就夠了。一本書，看看書評；一篇文章，看看摘要，知道他說什麼就夠了。第二步是要下工夫的。等你自己的研究做完以後，要用文獻去鋪墊自己的臺子的時候，需要找這個領域裏面做得最好的人的文章的漏洞。每篇文章都有漏洞，關鍵是這個漏洞在哪裏。

如何找到他人研究中的漏洞？

如果是研究中國問題的，漏洞一定是在事實部分；如果是研究理論問題的文章，漏洞一定在導言裏面。如果你在導言裏沒找到可攻擊的地方，後面休想找到——一旦接受了導言的東西，後面就根本不會找到問題了，因為一篇文章能發表是經過千錘百煉的。作者要千錘百煉，還有一個評審的過程，評審最重要的功能是防範出明顯的問題。所以，漏洞一定在導言裏面，導言的漏洞很多時候是在他沒有說出來的假定裏面。這時，看文獻就不光是看字面的意思，還要看字裏行間的意思。他有一個說法，這

個説法背後有個假定，這個假定他沒說出來，你給他找出來，然後你說這個假定可能不成立。頭幾天衛華老師在他的公眾號裏推出一篇我關於用英語寫論文的感想，那裏提到了這一點。用英文寫政治學的文章，拿中國的事實到西方政治學雜誌跟那個理論文獻對話的時候，就是把我們的新事實鍛造成一個很細但是很堅硬的像鐵棍一樣的東西，我把這個鐵棍比作女士穿的高跟鞋的跟，很短很小，但它可以把你立起來，很踏實地立起來。這樣的文章的價值是把現有的西方文獻裏隱含的假定挖出來，然後說明這個假定不成立。

我順便講個故事，讓大家輕鬆一點。季羨林先生在德國做有關梵語的博士論文。他的導師被徵從軍了。導師不在學校時，季先生花了兩個月時間，花了很大功夫，讀了很多書，看了很多材料，寫了一個很長的文獻綜述。他感到很得意，等老師回來度假時，他去交給老師，第二天再去見導師的時候，滿心希望老師會誇獎他幾句。但一進門就覺得不太對頭，發現老師面帶微笑，但是笑得有點詭異。然後，他看到老師在他的文獻綜述前面第一個字前畫了一個括號，最後一個字後面畫了一個括號，再畫上一個尾巴，就是刪除的意思。季先生說，他辛辛苦苦寫的文獻綜述，就這樣被老師堅決乾淨徹底地消滅掉了。看他有點懵，老師才跟他說，你這個文獻綜述花了不少功夫，但是你的綜述是不全的，你永遠做不全也沒有必要做全；你既然要做一個新東西，那你就去做，做出

來再告訴人家你做的是新的，人家承認你是新的就夠了。研究生做的題目，導師有時不懂相關文獻，他覺得所有發表了的東西都是文獻。遇到這樣的老師，學生要主動告訴他，有些文獻是假的。我們內地假文獻很多，都是編的，綜述它們沒有意義。關於文獻我就說到這。我剛才特別強調一點，今天像在朋友的沙龍裏，講的東西會得罪人，我一般不在公開場合這麼說。

所有發表了的內容都算文獻嗎？

我們現在這個水平不知道怎麼去辨別文獻的真假，我們應該怎麼做？第二個問題是，我上學期寫文獻綜述的時候，導師評價說只是一些觀點的堆砌，就是把前人研究過的問題拿過來再總結一遍。但我看其他人的文獻綜述也是這麼寫的，所以想趁這個機會請教一下老師。

我首先聲明一點，我說的只供你參考，最後還要聽老師的。你的老師對你的評價我可以理解，如果你只是把別人說過的觀點概括一下總結出來，這確實不叫文獻綜述。剛才那位同學說我們一定要懷疑別人，你去做文獻綜述的目的是要發現文獻的不足，發現別人什麼地方做得不夠好。怎樣去判斷？一定要有自己的東西。你自己沒有東西的時候是判斷不出來真假的。另外一個就是我們剛才講到的品牌。學術界是要注意品牌的，每一個領域裏面做得好的就那麼幾個人。你的導師有義務告訴你這個領域裏面誰做的東西值得看，誰做的東西不值得看。值得看的那幾個人，你去看的時候要努力去找他不夠好的地方，一定可以

找到。天下沒有完美的研究，你找到了他不夠好的地方，做文獻綜述的目的就達到了，因為別人做的不夠好的地方恰好就是需要你去做的地方。

我們在寫作時會碰到一個問題，引用一個案例的時候，那個案例可能是我們本人親身經歷過的，怎麼才能把這個經歷描述得既生動又有畫面感？

寫學術論文，不需要你把案例完整描述出來。寫學術論文是講一個道理，等你需要用一個具體情節的時候，那個情節一定是經過剪裁的，用來說明一個道理。如果你把一個事情講成一個故事那就不是一篇學術論文了。學術論文，可以只讀每一段話的第一句話和最後一句話，不影響你對全文的理解。一個段落，第一句話是個轉折，前半句總結上一段，後半句開啟這一段，最後一句話總結這一段。下面一段話結構是同樣的。一篇文章就是ABCD這樣一個結構。案例一般用在最後一句話，前面講個道理，後面講事情的要點，比如引用一句話，這一句話就足以說明前面的觀點。不需要講完整的故事。講完整的故事容易出現一個問題，就是講得越多越細越講不明白。我們做社會學和人類學研究的人有時強調深描，當然有道理。但是，如果不知道自己到底要說什麼，深描很容易變成黑描，越描越黑。你越說別人越不明白。我舉個例子。頭些年湖北省京山縣楊集鎮做過一個鄉鎮黨委書記選舉的試驗，有學者去調研以後寫了篇報告。報告

如何在研究中描述案例和故事？

裏一句話很怪，説楊集地理位置東經多少度多少分多少秒，北緯多少度多少分多少秒。我們想想看，東經北緯，地理位置，跟搞鄉鎮改革有什麼關係？這就是黑描。如果我們不知道自己究竟要説什麼，你覺得你掌握的故事非常非常詳細，哪一個細節都不能少。如果你自己知道想説什麼，你就知道這個故事裏哪一個細節是相關的，這裏説的相關就是英文説的 relevant。如果你掌握很詳細的案例，不妨先寫一個案例報告，給自己看。寫論文的時候你可能只會用到這個報告裏面的幾段話，幾句話甚至幾個字。沒有人有興趣去看你那麼詳盡的東西，只要説明一個道理就可以了。你會不會覺得很遺憾呢？我掌握了這麼詳細的東西結果只能説那麼一點。沒什麼遺憾。年輕學者經常混淆研究過程與論文結構。研究過程從A開始到B到C到D，文章結構可能是顛倒的。寫文章講你發現了什麼。你掌握那個案例，有實際工作經驗，那是你的認識過程，這是基礎。等到你知道別人不知道什麼的時候，或者知道別人掌握不全或不準確的時候，你告訴他，這個故事還有另外的百分之五或者某個情況的真相是這樣。這就是你的空間，文章就好寫了。

是不是可以請老師給一點關於合寫的建議？

合寫，我有體會，因為我跟我老師合寫過幾篇文章。跟以前的老師合寫也好，跟自己的同事合寫也

好，一定要能獲得不合寫得不到的東西，不然就不要合寫。合寫有個大問題，就是你休想指望別人公正對待你合寫的東西。我經常給學生做個算術，我說，你合寫一篇文章，這篇文章一共值100分，那你能得多少分呢？兩個作者的得分加在一起，應該是100分，實際上只有60分。這個帳是這樣算的，比如說英傑跟慧榮合寫篇文章，值100分。學術界的人跟慧榮議論這篇文章，說那篇文章你貢獻了70%，英傑只貢獻了30%；同樣一個人，轉眼跟英傑議論這篇文章，說這篇文章你貢獻了70%，慧榮只貢獻了30%。在這個人心目中，兩個作者加在一起得多少分？60分。所以說，除非你能夠獲得不合作得不到的東西，不要去合寫。但是，有些情況下，你通過合作可以得到靠自己得不到的東西。比如說，有個問題，你自己做只能做到九成，兩人能做到十成，那這10%值不值得你付出代價？值得，因為我前面還有個算法，一百篇半成品不如一篇成品。你做了九成大概就能發表了，但你發表一百篇只做到九成的文章，在學術界仍然沒什麼地位。只要有一篇十成的文章，雖然你只得到30%的功勞，但畢竟會受到學術界承認。我們在決定要不要合寫的時候，得盤算這個東西。不盤算是不對的，因為寫文章非常困難。我寫文章，以前比較高產的時候，平均一天只能寫30個字。

什麼情況下合寫是合算的？

我想了解一下這個學術圈的政治。我看到一些非華人的學者研究中國，他的觀點其實在中文世界早就有了，當然中文世界可能比較粗糙一些。我發現他們基本不會引用中文世界的東西，很多廢話互相引用。他們有個內部圈子，包括那些匿名評審，外來的人比較難進去，因為你是一個新的挑戰者。

你這個感覺很準確。關於中國的英語文獻，可以分為兩類。一類是專門研究中國的刊物，比如說《中國季刊》（*China Quarterly*）、《中國研究》（*China Journal*）、《近代中國》（*Modern China*），這樣的刊物裏面發的文章對我們國內研究中國政治的學者有一定價值。因為他們看的角度不一樣。內地學者看問題，可能比較偏重於講成績，半瓶水時我們會強調有半瓶水。他們寫文章的時候會告訴你這半瓶是空的，分析問題出在什麼地方。這對我們是有幫助的，因為我們可能真的沒有注意到這些環節。另外一類文章發表在政治學刊物。在那裏發關於中國的文章，需要提純，就是說高度提煉你關於中國的知識，不提煉，直接寫上去，他們看不懂，看不懂就認為你沒有價值。高度提煉，還忠實於中國，是非常困難的。有些學者在提煉過程中把中國的情況搞成了似是而非的東西。是不是根據中國提煉呢？是，但是他講的那個中國跟我們實際了解的中國沒有關係。這種很高級的刊物上發的文章，有個非常明顯的趨勢，表面看是在講中國，實際上對於你了解中國沒有任何幫助。還有的刊物像俱樂部，就那麼

如何理解不同類型的中國研究刊物？

一小圈人，評稿子是編輯部的那些人評。這樣的刊物發的文章有時是歪曲中國。歐博文老師和我覺得美國大學的中國政治研究有個趨勢，發表越來越靠近主流，但是離中國越來越遠。我對自己有個定位，就是不認為我是政治學家，我跟政治學有什麼關係？沒關係。我到美國留學之前，一本政治學的書也沒看過，怎麼敢稱自己是政治學家？我做的學術研究是從政治學角度來了解自己的國家，認識中國，了解我們這個國家面臨哪些問題，以前面臨哪些問題，現在面臨哪些問題，將來面臨可能哪些問題。這是我自己的定位。

李老師剛剛提到，理想中的學術應該是個市場，但事實上是個江湖。在這樣的一個江湖裏，我們有沒有必要像金庸武俠小說一樣，華山論劍的時候去湊湊熱鬧。

不管你說它是市場，還是江湖，國際學術會議都是要參加的。如果學術界是市場，會議相當於展銷會；如果是江湖，會議相當於華山論劍。為什麼要參加？不參加掌握不了學術界最新動向。你根據文獻永遠掌握不了。現在出版的文獻都是人家兩年前做的東西，等他文章發表了，你再跟他對話，人家早跑遠了。只有去開會的時候，聽他們發言，你才知道學術界的人現在在做什麼，這是開會的一個價值。另外，開會還有一個很重要的作用。你去開會，講你的最新研究，意味著你可以宣示領土主權。這裏有個島，我們中國人先到了，在文獻裏管它叫釣魚島，釣魚島就是我們的了。當然，如果

要不要參加國際學術會議？

你的研究還不成熟,發言時得掌握分寸,否則可能會被別有用心的佔便宜。使用公開數據做計量研究,尤其需要注意保護自己。數據大家都能拿到,彼此比什麼呢?就是比思路,比見解。而思路和見解就是一層窗戶紙,一捅就破。你的文章還沒寫好,或者你的分析技術不高明,如果過早泄露了你的聰明想法,遇到心術不正的人,就會吃大虧。我剛才說過學術界多數是壞人,自私自利不是壞,佔別人便宜是壞。

開會還有一個好處是可以參加社交圈子。我們在學術界生存,不是自己關起門來做學問的,還要有朋友。如果在學術界沒有朋友,在學術界的日子就有點難過。你天天做只有自己有興趣的東西,跟你最親的人講,說我現在研究什麼東西,她可能根本就沒有興趣。人還是要有一定的交流,有溝通,這溝通在哪裏找?也在學術會議上。所以各位如果有機會的話,我是很鼓勵各位去參加美國那些會議,比如說中西部政治學年會(annual meeting of the Midwest Political Science Association)、美國政治學年會(annual meeting of the American Political Science Association)、亞洲學會年會(annual conference of the Association for Asian Studies)。表面上看起來很不划算。你想想看,我們花上萬塊錢買機票,還要花不少錢在那邊吃住,往返幾十個小時,發言時間只有15分鐘,很不划算。但是開會的價值不限於這15分鐘。

有什麼學術會議值得參加?

42

李老師，您覺得為什麼很多人開會發言超時？我覺得15分鐘發言時間實在太短，很難不超時。您能不能談談怎樣才能不超時？

這兩個問題很好。我們先談為什麼超時。一開始，我對發言超時，一是很反感，二是不理解。後來慢慢明白，超時的原因很多，也很複雜。年輕學者超時，比較常見的是兩種情況，一是狂妄自大，目中無人；二是想問題不透徹，找不到自己研究的要點。一般是兩種情況同時出現。要做到不超時，首先是擺正自己的位置。學術會議是同行交流的場合，不是課堂。打個比方，發言的人是參加考試，聽眾是考官。如果你不喜歡這個比喻，換一個，發言的人是在表演，聽眾是評委。研究做得好不好，重要標誌是能不能做出一個三分鐘版本。三分鐘講不明白，半小時也講不明白。有了三分鐘版本，就不會超時了。

會議發言怎樣才能不超時？

您說有些人在國際會議上表現不好是導師沒有把規則給他講清楚。您覺得研究生對導師應該什麼樣的期望，年輕學者怎樣有效地去影響學生？

我自己當教師沒有特別努力，當年老師怎麼對待我，我就怎麼對待學生。我很幸運，遇到好幾個好老師。比如在南開讀書的時候，車銘洲教授對我絕對不是一般的師生關係。我在美國讀書的時候，也遇到了很好的老師，包括一個教統計的老師，叫 Aage Clausen。我

給大家講一下他的故事。我們學統計課，有期末考試。考完後我到系裏去，在樓道裏見到他。老先生說，你到我辦公室來一下。到了辦公室，他把考卷給我，說這考卷背面有題，你有沒有看到？我說我沒看到。他說我知道你一定會做，所以你的成績是A。這是好老師。我們對自己的學生是不是也應該這樣？關於帶研究生，北大的李零先生有個很經典的說法。他說：導師跟學生有什麼區別？導師知道哪些問題值得研究，哪些問題不值得研究。導師會告訴你，哪個地方可以撈到魚，哪個地方已經沒有魚了，不要去趟渾水了。老師還有一個很重要的工作，他可以告訴你，你做到什麼地步是做好了。我覺得，當老師，最主要的是樹立正確的角色意識。我們是幫助學生取得成功，讓學生儘量少走彎路。用這種態度指導學生，就是好老師。給本科生講課一定是幫學生學東西，不是為了考他們，不是為了證明我們有多高明。這也是個職業意識問題。我們這些人是拿工資的，有所謂的衣食父母。我們的衣食父母是誰？就是學生的家長。如果我們用這樣一種態度來對待學生的話，就是好老師。你是幫學生，儘量地幫他，批評他也是幫他。

您剛提到創新能力會下降，我們在挑導師的時候，尤其是要去美國的話，我們先看中哪個導師然後再去申請那個學校，那你覺得挑導師應該選那些已經出名了年級也

比較大的老師，還是那些年級比較輕但是創新能力比較強的老師呢？

去找那些功成名就的人，因為他可以幫你找工作，那些功成名就的人的學生在各個地方當院長當系主任，等你畢業了他可以幫你找工作。你要想長學問得靠自己。如果你想從老師那兒長學問，去找那些潛力股，就是中年人，他還在上進。但你自己也要有一定的東西，一定要有對導師有用的東西，然後你才可能與導師有比較實質性的合作，才能學到真功夫。我們很多留學生——這又是得罪人的話——在美國讀了博士學位，但是他們做的東西導師第一不懂，第二沒興趣，所以老師的本領他學不到多少。

您剛剛提到的寫的部分。我讀過復旦大學賈植芳先生的一句話，他說：我們在大學做老師的要既會教書、編書，還要會寫書、譯書。他在這裏說的編書可能不僅是編教材，可能還有工具書；寫也可能不僅是寫學術專著，還有可能是寫詩或者向報刊投稿這樣的。所以我想請問一下老師，您認為在生活中除了寫學術專著，有沒有可能寫其他文章，比如隨筆甚至散文？

學術有兩個部分，我強調的是創新的部分，還有承傳的部分。絕大多數學者創新的學術生命很短，很難維持。我可以很坦率地告訴各位，我跟五年前比，作為創新的學者的生命差不多少了50%了。好在我作

為承傳的學者仍然是100%。譯書、寫教材、編書、給報刊寫文章，都屬承傳，這也是學者必須做的，也是學者必須做好的。我們在這裏舉個例子：同樣是講《論語》，北大的李零先生是大學者，在電視台講《論語》的不是學者，就這麼簡單。在電視台講《論語》的沒完全看懂《論語》，歪曲孔夫子。你去看李零先生的書才懂得，原來《論語》是這麼回事，原來孔夫子是這麼有趣的人，原來孔夫子和他學生的對話都是有具體場景的，原來孔夫子成為聖人是他的學生抬出來的，學生自己要當聖人，所以要把老師捧成聖人。這個時候你看到的就是學問。

我認為我作為創新的學者那部分生命還會延續幾年，但是很快就會過去。什麼叫創新？創新就是要超越自己。很多學者一旦出了名，他們作為創新的學者的生命就已經消失了。那是成名的代價，要把自己創新的生命耗盡，才能成名。有的學者不承認這一點，我承認這一點。我知道我創新的生命已經消失一大半了，而且正在快速消逝。標誌是什麼呢？是我現在再寫新的文章，要想寫得比以前的文章好，越來越困難。但是，要保持創新學者的身份，下一篇文章就必須比前一篇文章好，不然就不要去寫。幸好學者有兩條命，我作為承傳的學者，不僅能保持以前的水平，還會去發展新的承傳能力。

我想問的是創新到底是什麼，什麼樣的文章您認為它的創新程度是合適的，或者我們創新到哪一步時可以拿出去投稿？我是學語言學的，我在學語言學的過程中發現不少的文章有這樣的情況：第一是重新定義，第二是對以前的框架進行重新分類，第三就是一些投票性的文章，比如說你說是，他說不是，我投誰的票。這樣的文章我覺得沒有意義。現在定量或定性有一些比較虛偽的。我以前可能有一點憤世嫉俗，跟我的導師說：現在的文章除了文字遊戲就是數字遊戲。我的老師告訴我，不管什麼遊戲，你先玩玩好，能夠做得出來。您對現在的種種文章沒有什麼創新價值這一點是怎麼認識的？您覺得好文章多嗎？您覺得什麼創新才真的是有創新的？

你講的很對，我完全理解你的意思。不管是中國的學術界還是美國的、西方的學術界，大多數人是在玩遊戲。我們強調新，其實就是強調一點：我們寫學術文章是寫給同行看的，如果同行認可說這是新的，它就是新的，因為他們不知道或者他們知道的不全。語言學應該是一個很特殊的學科，我猜測可能有點像考據。想提出一個完全新的東西非常困難，所以大家有的時候重新定義、重新界定、重新解釋，讓大家覺得新。你的老師給你的建議是對的。你要想說這個遊戲沒有價值，不值得去玩，有一個前提，你自己得會。我們自己會的東西，我們可以說毫無價值；我們自己不會，是不可以這樣說的。所以你的老師提的是一個非常聰明、非常智慧的建議。你要說現在的學術研究是垃圾，你先去學會它。我自己寫過兩三篇所謂

政治學刊物的文章，我認為是我寫的文章裏面價值最小的。我寫這個文章有個目的，就是證明自己會玩那個遊戲。我玩得不好，但是會玩。我會玩，你不能質疑我的資格，我才敢說你玩的那個遊戲沒有價值。如果我不會玩，我不能這樣說。你的老師可能還有另外一個含義在後面，你一定明白他的意思，那就是，等你真會玩這個遊戲了，你就知道它的價值了。

選不重要的題目
是浪費時間

如何選課題？

重不重要誰說了算？

我們判斷一個問題是不是重要，非常困難。所謂的重要還是不重要，是主觀判斷，不是客觀現象，是主體之間 (inter-subjective) 的判斷，最重要的主體就是主編，主編認為重要就重要。不過，既然討論主體之間的判斷，就不是一個主體，有些原則性東西可以拿出來討論，供大家參考。

誰是你研究的「顧客」？

首先，政治學課題重不重要，最有發言權的是政治家、政治人物、政府。不管是在中國，還是在美國，政治學研究最終的那個顧客 (client) 都是政府，他們的重視最重要。我們系的博士生選題時，我總讓他們想一想：論文做完以後，你有機會到中南海彙報十分鐘，你找哪位常委彙報？所以，重要不重要，最終要看那個最重要的顧客是不是重視。在中國，最終的顧客是單一的；在美國，客戶是多元的。至少有兩個主顧，因為有兩大政黨。共和黨和民主黨都有自己的智庫 (think tank)，也購買其他智庫的服務。美國政府

也是顧客，國會也是顧客，國會裏的專門委員會也是顧客。所以，美國的政治學研究、國際關係研究有個相對健康的市場，那裏有很多顧客，顧客都有獨立的財源。

除了政治顧客，學術界也是個顧客。課題是否重要，取決於你的同行是否重視。我們後面講匿名評審制度時還會談到這一點。在學術市場裏，我們每個學者都是生產者。你提出來的想法、你發明的產品是不是重要，不僅僅由政治顧客來判斷，還由你的競爭對手判斷，也就是其他學者判斷。所以，我們要判斷一個問題是否重要，一個辦法是去看學術刊物發表的相關論文。2006年，《美國政治科學評論》(*American Political Science Review*) 統計了創刊一百年來被引用次數最多的二十篇論文。其中有一篇是Arthur Miller寫的，他和Jack Citrin在1970年代初有個著名的辯論。Arthur Miller寫了篇論文，Jack Citrin可能是審稿人，意見比較尖銳，主編就把他的意見作為評論發表出來了，Arthur Miller對這個評論還有個回應，這樣就形成了一個很健康的辯論。他們辯論的問題是什麼呢？Arthur Miller認為美國公民對政府信任的持續下降最終會導致對美國政治體制的信心下降，Jack Citrin不同意Miller的第一個判斷，指出沒有足夠證據證明美國公民對政府信心的下降，因為哪怕他們相信政府，接受問卷調查時也會說不相信，因為不相信政府是個時髦。他們兩位誰對誰錯到現在也沒有結論。Arthur Miller這篇文章這麼

受重視，因為他提出了一個很重要的問題，就是對政府的具體信任會不會影響到對政治體制的抽象信任，如果有影響，因果鏈條是什麼。我前幾年發在 *Political Behavior*（《政治行為研究》）的論文就是跟這個辯論掛鈎的。兩位老先生幾十年前的辯論，我到現在還能從中獲益，他們提出的問題也仍然被認為是一個重要問題。

　　當然，一個問題對刊物來說重要還是不重要，也是會變化的。辯證法説，要用發展的眼光看問題。還是以《美國政治科學評論》為例，它是美國政治學學會（American Political Science Association）的會刊。因為是會刊，它的編輯部是流動的，不是固定在某個學校。我在俄亥俄州立大學讀博士的時候，編輯部剛好在那裏。換到一個新的系很可能就會換一套編輯方針，主編換了，編委會很可能也換。《中國季刊》編輯部一直在倫敦大學，主編過些年換一次，不同的主編有不同的側重。我可以給大家舉一個極端的例子。加州大學伯克利（UC Berkeley）分校有位年輕教授 Peter Lorentzen 是做博弈論的。他和他的學生 Suzanne Scoggins 寫了一篇文章，用博弈論方法分析中國人的權利意識和規則意識。這篇文章幾年前投到《中國季刊》，我是審稿人，覺得值得發。但是這篇文章最後被拒了，原因是沒有任何經驗數據。問題是，博弈論本來就不需要經驗數據。我是建議發的，雖然沒有經驗數據，但提供了一個思考問題的路徑。後來文章投到《中國研究》，

也沒發出來，也是因為沒有實證材料。但是，Peter很有耐心，等《中國季刊》的主編換成現在這位經濟學家，編輯方針不同了，他再把稿子投過來，結果就發出來了。這是個奇特的例外，學術刊物一般不允許作者重複投稿。

概括一下，我們判斷一個題重要不重要，大概有兩個需要把握的標準：第一，你做的研究對政治學研究的最終顧客是不是重要；第二，你做的研究對跟你一樣從事政治學研究的同行是不是重要。當然，這不是說不重要的東西一定發不出來。學術刊物有很多層次，現在中國研究就有十來個刊物。《中國季刊》不要，還可以投其他刊物。我想先提醒各位一句，投稿被拒是常態，千萬不要因為投稿被拒了就很沮喪，要不然你的學術生涯會很苦。好刊物錄用率可能只有10%，也就是說90%的稿子都是要被拒掉的，成為90%當中的一個，不是很正常嘛！所以，投稿的時候，中了應該很高興，不中也很正常，這樣我們就永遠立於不敗之地。

那麼，既然題目不那麼重要的文章也可以在正式的學術刊物發表，為什麼我們還要選擇重要的刊物去投，選擇重要的題目來做呢？這就延伸到了下一個問題。發表畢竟僅僅是手段，還有一個目的在後面。選擇重要的題目，是因為只有重要的題目才能給你學者身份。不知道大家有沒有注意過一個現象，有些學者很有名，但我們不知道他到底是做什麼的。原因在

為什麼要選擇重要的題目？

於，這些學者研究的東西不重要，他的盛名可能是借來的光。中文裏有個詞叫「光環效應」，大概是從英文借來的，英文是 halo effect。只有我們研究的題目重要，我們作為一個學者才可能重要。比如，如果我到了個陌生的地方，有人說：「李老師，我早就知道你。」我可能會拐彎抹角地問問，他認為我是幹什麼的。根據他的回答，我就可以判斷出我在他心目中的分量。如果他說「你是香港中文大學的教授」，那我就覺得我在他心目中很輕；如果他說「你是做農村研究的」，那我就覺得我在他心中的分量重了很多；如果他說「你是研究農民上訪的」，那我就覺得我在他心中真有點分量。我完全相信，再過五年、十年，在座的各位年輕人都會成為名家。但是，到那個時候，你們可能還是需要估計一下，你的名到底是實的，還是虛的？如果你選擇的研究問題重要，那麼你的名可能就是實名。如果你選擇的研究問題不重要，那麼你成為名家可能僅僅是因為你在著名大學任教，人家一聽你是著名大學的教授就肅然起敬，但這並不意味著你真有本事。

選擇重要的題目還有一個最市儈、最世俗的盤算，這是香港中文大學中國研究服務中心的熊景明老師總結出來的。她有次對我說：「你的研究在國際學術界算是比較引入注目的，但這並不完全是因為你的研究做得好，而是因為你研究的問題很重要。」也就是說，如果你研究的課題頭等重要，那麼即使你只完成了二流的研究，也是重要的研究；但如果你研究的課

題是次等重要的，那麼即使你完成了一流的研究，也不是重要的研究。打個比方，在美國這種高度市場化的醫療環境下面，醫生的收入差距巨大，收入最高的是那些給你開胸、開腦的人。他手一抖，你的命就沒有了。因為性命相關，所以就很重要。如果我們要選跟健康有關的職業，是選擇營養學、美容學，還是選擇給病人通心血管、做大手術呢？選題就這麼重要。我對其他年輕人沒辦法，但如果我的學生選的題目不重要，我不會讓他通過。選不重要的題目是浪費時間，二十多歲可是一生最精華的時間。

這裏，我再給各位提個建議，如果一個題目不值得做，那就千萬不要去做，千萬不要覺得寫一篇無關緊要的文章、寫一篇應時的文章沒什麼損失。這個損失可能是巨大的。千萬不要覺得，不就是花了一個星期、兩個星期寫了篇應景文章，不就是花了一個月時間跟幾位朋友寫了本暢銷書嘛！不這麼簡單。你付出的代價可能絕對不是一個月時間。第一，這一個月可能給你的學術生涯製造一個巨大的負資產，很可能你用很長時間都沒辦法填滿這個大坑。第二，即使我們拋開學術同仁的評價，這一個月的時間也會給你製造一個巨大的誘惑，讓你總覺得做那些很容易的事情收效更快。這樣的誘惑給你造成的傷害是極大的，是短期內難以恢復的。我這裏沒有危言聳聽的意思，只是提醒大家，有些事情決不能碰，有些誘惑必須拒絕。

<aside>無關緊要的應景文章值不值得寫？</aside>

怎樣找課題？

下面講個技術問題：去哪裏找重要課題？一個成本很低，但效率也很低的辦法是跟蹤刊物發表的論文。現在可能好一點了，因為有在線出版（online publication），就是一篇文章被接受以後會先放到網站上。雖然這比以前快了很多，但還是不太能幫我們掌握最新的研究趨勢。比如，我這篇差序政府信任的文章是2010年開始起草，2012年開始用英語起稿，發表出來是2016年3月了。如果根據發表的論文來判斷下一個重要問題是什麼，永遠都會落在後面。

比較保險的辦法是參加會議。很多人參加會議實際上為的是佔領陣地。一個題目剛做了一成他就去會上講，好像在那個題目上放了自己的主權標記，放了個領土界標（territorial claim）。但大家要注意，不能簡單跟著人家走。一般來說，如果別人已經講了，你再去競爭，不容易贏他。雖然他只做了10%，但這開始的10%很難做，就好比我們中文說的「萬事開頭難」。所以，我們不是要去競爭同一個題目，而是要從中發現學術界下一個課題。比如，十來年前村委會選舉最熱的時候，我覺得村委會選舉已經沒什麼可做的了。我去開會，發現大家開始討論選舉以後怎麼樣，我就意識到下一個題目是選舉的影響，我就去做這個題目。

第三個途徑是跟蹤時事。我再拿我那篇關於政府信任的文章作例子。這篇文章最初作為研究報告

（research report）投到《中國季刊》，跟正規論文（research article）比，研究報告的篇幅短很多。第一輪評審，兩位審稿人共同的意見是這個題目不能用研究報告來對付，要寫成一篇研究論文。我增加了篇幅以後投過去，第一審稿人還是不滿意。她覺得，雖然我研究的問題重要，但我對問題的界定仍然沒體現出這個問題的重要性。她認為我應該提到黎安友（Andrew Nathan）教授的威權韌性（authoritarian resilience），以及現在對維穩、社會管理、合法性的討論。我其實是有意迴避那些問題，做中國研究的時間越長，越覺得中國很神秘，真是看不清楚。這有點像武林的一個說法：「初學三年，打遍天下；再學三年，寸步難行」。就是說，學武功的人，學了三年覺得自己可以打遍天下了，再學三年，才知道山外有山，天外有天。我2004年那篇文章還大言不慚地說中國農村的政治信任，現在想想我怎麼敢這麼講呢！所以，我現在不太敢碰這些真正重大的問題了，不是膽子小，而且確實覺得自己沒有發言權，因為中國實在是一個非常值得研究也非常難以研究的對象。順便說一句，很多在國外讀了博士、在國外任教的研究中國問題的學者不願意被人家稱為中國專家（China scholar），他們更願意被稱為政治學家（political scientist）。我剛好相反，人家說我是政治學家，我覺得自己是南郭先生，人家說我是中國問題專家，我會感到很自豪，因為中國實在是太難理解了。

原創性：
所有的疑問句都是原創點

　　怎樣才能選出有原創性的課題呢？無非就是兩個方面。如果你先到一個研究領域，看到了新事實、新現象，你把它說清楚就是原創。如果你是後到的，別人已經說得很清楚了，也不代表你就沒機會，總是還有沒說清楚的東西。以熊貓為例，別人做了種屬分析，你可以研究熊貓個體差異，比如有剛出生的熊貓、成長中的熊貓、成年的熊貓、老年的熊貓，這個時候就相當於在做定量研究了。不同地區的熊貓壽命分別有多長、繁殖率有多高，這些也是重要的後續研究課題，每一步研究都是原創的。但是，不論什麼研究，一定有個開始，這個開始一定是定性研究。比如，假如依法抗爭這個現象有一百個內容，即使我高估，聲稱歐老師和我做了60%，也仍然有很多東西沒講清楚，仍然有很大的研究空間。我最近12年研究政治信任，實際上就是想解釋依法抗爭的認知基礎，我覺得這基礎一個重要成分是差序政府信任。差序政府信任是依法抗爭研究衍生出來的子課題。

　　一句話，任何課題都有很多原創點。關於一個重要現象，漢語裏所有的疑問句都是原創點。例如，這是什麼？在哪裏？什麼時候？這是誰呀？誰跟誰呀？怎麼回事？為什麼？圖什麼？後來怎樣了？我們做研

究時不妨問自己這些問題，看學術界有沒有答案。你發現哪個問題還不清楚，或者你認為別人的回答不正確，那就是你的原創點。

我再舉個例子。上學期有位同學説想研究官員的晉升問題。在中國研究裏，官員晉升既是個自變量，也是個因變量。有的學者想解釋中國經濟高速發展，把晉升作為一個自變量，也就是所謂晉升錦標賽。晉升也可以是一個因變量，也就是説，我們可以解釋為什麼會出現錦標賽這種現象。晉升錦標賽是描述一個現象，就是回答「是什麼」這個問題。我覺得這裏有原創點。晉升錦標賽這個説法準確嗎？我們能不能接受它？如果把關於晉升錦標賽的研究論文拿去跟各級官員講，他們是會認可，還是會當笑話？我覺得官員這一關未必能過。如果把錦標賽當作一個自變量來解釋中國為什麼經濟高速發展，可能成立。我們可以假定，大多數官員認為GDP上去了就會有比較好的晉升機會。在這個意義上，錦標賽的提法有一定解釋力，但要加很多附加條件。如果把晉升當作因變量來解釋，用錦標賽解釋它，就會出現問題，因為這時隱含的前提是中國官員的晉升是錦標賽。湖北省社科院的宋亞平院長告訴我，官員晉升錦標賽這個説法，在他聽起來是笑話。表面看起來，一個地方的經濟上去了，主政的官員就得到了晉升。實際的運作是組織部門先內定要晉升的官員，然後把這個官員派到經濟發展條件比較好的地方去，這個地方的經濟自然發展得

快，跟派去的官員沒關係，但他能得到晉升。官員的錦標賽心態或許能在一定程度上解釋經濟發展，但學者不能簡單預設錦標賽是事實，否則就等於預設中國官員的晉升有公平、公開的規則。

我們剛才已經說了，「是什麼」是個很重要的原創點。如果一個現象別人已經界定清楚了，你也認可，也並不意味著後面的研究沒有原創性。後續問題的原創性雖然趕不上發現大熊貓，但也很重要。實際上，科學史上有幾個人找到了大熊貓呢？青霉素是個大熊貓，X光是個大熊貓，但這不等於後續的研究就不能得諾貝爾獎。除了「是什麼」以外，其他問題也是原創點，往往是更重要的原創點。

選擇課題：刺蝟與狐狸

選一個課題還是選幾個課題？

怎樣找重要題目是個技術問題，與此相關的有個規劃學術生涯的策略問題。重要的題目很多，我們到底是選一個題目，還是選幾個題目呢？我覺得這純粹是個人的口味（taste）問題和胃口問題。有個著名的比喻是刺蝟和狐狸，意思是刺蝟只關心一個問題，狐狸關心很多個問題。有人說刺蝟比狐狸高明，有的人說狐狸比刺蝟高明。其實刺蝟和狐狸一樣高明，區別只

在你自己的口味/胃口。口味不容爭辯。比如，你喜歡吃辣，我不敢吃辣，我不能說你吃辣就不高雅，你也不能說我不吃辣就不革命。同樣，胃口大小，如魚飲水，冷暖自知。我胃口很小，口味單一，所以我歷來只做一個東西，不是始終研究一個問題，而是在某個時期只研究一個問題。大家看過《紅樓夢》，賈寶玉和林黛玉參禪，黛玉用很委婉的方式刺探寶玉這個多情種子到底愛不愛她，寶玉用很委婉的方式回答：「任憑弱水三千，我只取一瓢飲」。在選擇研究課題上，我是寶玉派，當然是心口如一的真寶玉派，不是見了寶姐姐就忘了林妹妹的假寶玉派。只做一個課題是我的個性決定的，我在各方面的胃口都很小，研究的胃口很小，很挑剔。如果哪位朋友胃口很大，胃納能力很強，口味很開放多元，當然是巨大的優勢，但也會面對選擇的苦惱。創造性很強的腦力活動需要高強度的專注。關於一個問題，你能自然地進入高強度的專注，那就代表你對它有興趣。如果你本來就對很多個問題有興趣，那你就去跟進多個重要問題，因為這符合你的天性。當然，這裏有個前提，就是你的研究能力完全能匹配你的研究興趣。無論是選擇做刺蝟，還是選擇做狐狸，都可以成功。不過，學術界的現象很矛盾。一方面，好像當狐狸更容易成功。有兩位很著名的學者就是典型的狐狸派，都很成功。另一方面，資深學者好像有當狐狸的特權，年輕學者當狐狸可能

會遇到問題。研究面太寬，涉及問題太多，發表的東西太多，會讓人覺得學風不正，機會主義，撿到筐裏就是菜。這樣做在二流學校很有市場，因為二流學校的領導往往希望憑數量取勝，他們自己水平不高，不能鑒別質量高低，只會數豆子（bean counters），如果想進一流學校，有濫竽充數之嫌的發表記錄可能成為致命的短板。

問題意識、市場意識、比較優勢

我們來總結一下。課題重要不重要是主觀判斷，但判斷的背後有兩個相對客觀的主體，一個是顧客，一個是同行。大家不要覺得國外的政治學沒有顧客。舉個例子，《中國季刊》創刊的背景是冷戰，二戰後中國加入了共產主義陣營，西方陣營需要用各種方式了解中國，其中一個方式就是學術研究。但這不等於説西方那些研究中國的學者是御用學者，因為他們的買家不是單一的，有個市場，比如不同的政黨是不同的買家，國會裏不同的委員會又是不同的買家。這種政治市場環境是學術自由的最終保障，學術自由又保障了研究質量，是雙贏的局面。在美國、在歐洲研究中國的學

者可以完全不理會政府顧客的信號，他們只關心學術圈子、學術同行。在中文裏，我們一提到「同行」，馬上會有個聯想，同行是冤家。同行是不是冤家呢？我覺得應該算歡喜冤家，不是完全敵對的關係。你的文章課題是否重要，就是同行給你界定的。關於同行，尤其是同行之間匿名評審，我們後面還會展開講。

對在座各位來說，我説了這麼多其實只提一個建議，就是在給英文刊物投稿時要選擇一個重要課題。給中文刊物投稿，判斷哪些問題重要、哪些問題不重要，你們比我準確。給英文刊物投稿，你們的判斷可能就不如我準，因為我是玩這個遊戲的。泛泛提建議沒用，我希望各位能在選題時兼顧兩種意識，一是問題意識，二是市場意識。首先是問題意識。我們如果想從西方的學術傳統來研究中國的政治、經濟、社會，就必須採取批判的視角。批判的視角不是簡單挑毛病，而是關注有重大問題、有重大不足的地方。這一點很容易引起誤會。有位地位很高的學者曾經問：為什麼《中國季刊》、《中國研究》這些期刊一貫講中國的負面？中國取得了很多成就，為什麼不講呢？這樣問，説明他並不真正懂得西方的學術傳統。西方的社會科學，不管是社會學、人口學、經濟學還是政治學，都有兩個基點：一個基點是實證傳統，就是「實事求是」。不管是給《中國季刊》還是《美國政治科學評論》投稿，如果寫的東西不紮實，沒有事實依據，那就沒有任何機會發表。還有一個基點是批判傳統。也

為什麼在西方學術傳統的期刊發表文章必須有批判性，而不側重成就？

就是說，知識分子不是從某個政權、某個政治勢力、某個政黨、某個階層、某個利益群體的角度看問題，他的目標只有一個，指出這個社會的隱患在哪裏。所以，不光是《中國季刊》、《中國研究》上的文章是批判性的，所有的學術刊物都是批判性的。《美國政治科學評論》裏講美國政治的文章也是批判的，*International Organization*（《國際組織》）講西方外交政策的文章也是批判的。

在社會科學的傳統裏，批判意識實際上是健康意識。社會科學研究很像醫學，它不是強調這個人有多健康，而是告訴你這個人病在什麼地方，有什麼健康隱患。如果人類根本不生病，就不會有醫學。同樣，如果人類的政治、經濟、社會根本不發生災難，就不會有政治學、經濟學、社會學。中國過去三十年翻天覆地的變化是沒人可以否認的。但如果研究中國只側重這些成就，那就相當於一個醫生只說你如何如何健康一樣，不關心你的健康問題和健康隱患，這是失職。所以，問題意識實際上是一種負責任的批判意識。打個比方，這個瓶子裏有三分之二的水，作為學者，我不會去解釋為什麼這裏面有三分之二的水，我永遠都是問為什麼它不是滿的，它可不可以是滿的，怎樣才能讓它變滿？這就是社會科學的問題意識。只有去分析已經發生的危險和潛在的風險，才是保持長久健康之道，才能保證萬一出現危機有應對的辦法。哪個人不關心自己的健康呢？哪個國家、哪個民族不

關心自己的健康呢？哪個政權不關心自己的健康呢？健康意識就是危機意識。天文學家每天在那裏看小行星幹什麼？就是怕哪天哪個小行星突然靈機一動，或者說惡念一起，直奔地球來了。那個時候再做研究還來得及嗎？來不及了。

所謂SSCI刊物的背後就是這種實證的、批判的學術傳統，是我們面向西方學術界時必須遵守的行規。SSCI現在被神秘化了，也許高校的領導們並不清楚SSCI究竟是什麼。我們這裏不妨補充一點知識。SSCI是Social Sciences Citation Index（社會科學引證索引）的縮寫，本來是個研究工具。在電腦沒普及以前，學者做文獻檢索很困難。SSCI是個商業機構弄出來的，就是把相關的期刊做個索引。比如說，中國研究裏有位很有名的學者叫崔大偉（David Zweig）。他寫了本書，我們想知道其他學者對這本書的評價，SSCI就提供了一個工具，讓我們能按圖索驥去找哪些人在文章裏引用了這本書。現在，內地學術界好像把SSCI變成了一個以影響因子（impact factor）為核心的評價指標。影響因子是怎麼計算的呢？我們假設有個刊物一年出四期，每期五篇文章，一共二十篇文章。假設在出刊的第二年這個領域相關刊物上有四十篇論文引用了這二十篇文章，那麼這個刊物的年度影響因子就是2。我們有時很自豪地說《中國季刊》的影響因子接近1，這樣的數據在自然科學界那裏是笑話。有一年，政治學裏影響因子最高的是 *Political Analysis*（《政治分析》）也只

什麼是SSCI？

有4點幾,《美國政治科學評論》也就是3點幾4點幾。在自然科學裏,影響因子這麼低的都是垃圾刊物。像 Nature(《自然》)和 Science(《科學》)的影響因子超過30。自然科學的刊物文章短,出刊快,同類刊物多,引用自然就多,影響因子自然就高。所以,影響因子高低在很大程度上是不同的學術市場決定的。如果我們只強調刊物的影響因子,不強調它在學術界的實際聲譽,那麼刊物很容易搞鬼,影響因子的計算有很大的操作空間。我覺得現在對 SSCI 的強調純粹是迷信。衡量年輕老師的時候,不是要去看他的文章是不是發在 SSCI 刊物上,而是要看他的文章是不是發在嚴格的同行評審(referred journal)的刊物上。是,就承認;不是,就不承認。

除了問題意識,選題還要有市場意識,這是第二個要點。學術界不光是只有你自己在修煉,我們選擇課題時要看看別人是否在做,有沒有人做得比你強。我在系裏給研究生上方法課時經常強調一點:既然來了香港,就要充分利用香港的比較優勢來培養自己的強項,你要有可用之處人家才會用你。這裏的有用沒用、強項弱項用什麼來衡量呢?就是市場因素。這是很現實的考慮。

如何衡量自己的比較優勢?

在解決了值不值得做以後,可能需要考慮兩方面的因素,一是自己的知識準備,二是自己的資源優勢。我研究農民就有比較優勢。我的親戚、朋友都是農民,我跟他們聊天就能學到很多東西。如果我拿著

學校的介紹信去河北農村做訪談，人家可能根本不搭理我。你要研究工人，可是你家裏一個工人也沒有，你的親戚朋友同學也沒當工人的，你很難接觸工人，那你就沒有研究工人的資源優勢。所以，我們每個人都要全面評估一下自己的資源，選擇自己有比較優勢的題目，這樣的題目才有可能做好。

選了值得研究的重要課題，也有做好課題的比較優勢，下面是最重要的問題，就是能不能做到最好。2015年9月20日，我回南開大學給我的老師車銘洲教授祝壽。在祝壽會上，車老師還給我們講了一課。79週歲的老人，腦筋之靈敏，口齒之清楚，評論之智慧，我們這些晚輩真是望塵莫及。車老師用八個字總結自己的一生，叫「走一條路，做一件事」。我後來跟我的同門講，我們可以給車老師這個自我評價補充四個字，「做到極致」。我們在選題的時候，不僅要選擇值得做、能夠做、能做好的題目，而且要選能做到最好的題目。

建立研究的重要性：
以兩篇審稿報告為例

不管是中國研究刊物，像 *China Quarterly*、*China Journal*、*China: An International Journal*，還是政治學刊物，像 *American Political Science Review*、*Journal of Politics*、*British Journal of Political Science*，都要求審稿人首先判斷題目是否重要。但除了選擇重要課題去研究之外，我們也要學會建立自己研究的重要性。

如何建立研究的重要性？

大家來看看兩篇審稿報告，一份是我評別人的，一份是別人評我的。第一篇是我評審的文章，討論的是湖北一個村黨支部書記當二三十年支書的經歷。我的第一段寫得非常正面，如果我自己收到這樣的審稿意見，一定會非常高興。我說，這篇文章在學術上有很大的意義，最近村委會選舉的研究有計量化的轉向，但我用了一個詞是 disquieting，也就是說，這種轉

向讓人不安。研究村委會選舉時，如果過分強調計量分析，尤其是用比較膚淺的方式做計量分析，會讓大家覺得這個題目沒什麼意思。正因為如此，這篇文章能矯正研究方向，因為農村的政治權力歸根結底還是在黨支部手裏，黨支部書記是一把手。我的審稿意見第一句從學術研究的角度肯定了這篇文章的重要性。2001年，《中國研究》讓我評議一篇文章，我後來知道作者是現在大家都知道的學術新星蔡曉莉老師。我用了相似的評語。蔡老師講的是農村公共物品的提供，當時對村委會選舉的研究比較熱。我審稿時，第一句話就強調這篇文章對一窩蜂研究選舉的潮流是個矯正，真正重要的問題可能不是選舉，而是村的治理，是公共物品的供給。

　　緊接著我就具體講這篇文章好在什麼地方。我說作者非常深入地研究了一個村莊的政治史，我這裏是用他自己的話來誇獎他的。審稿人用作者自己的話來評價文章是非常正面的標誌。作者說他要看的是村級政治的實際過程、深層的動力結構，從而來揭示真正的本質（true nature）。我就用true nature，沒有任何諷刺意思，因為他確實揭示了真正的本質。當然，雖然我們也會在文章裏恭維一下自己，但一般不會走那麼遠。這位作者比較特殊，這也可能是他這篇文章被拒的原因。接下來，我說，因為當地有位非常有名的學者幫他，他對這個村子長達幾十年的政治戲劇做了非常深入的研究，這是一份很好的實地調研報告（field report）。

我說，很顯然作者有非常好的人類學訓練，這樣我就點明了學科。現在的中國研究要求有一定的學科背景。我還用了個非常有分量的詞，就是「傑出」（outstanding）。說實話，從來沒審稿人說我的文章傑出，所以這是個非常正面的評價。當然，作為審稿人，我們不能跟主編說這篇文章很好，就這麼發吧。不然就會出現兩個問題。第一，這有意無意把自己擺在了跟主編相等的位置上，這樣越位是不行的。第二，天下沒有完美的文章，如果你說這篇文章非常好，可以發了，那就等於承認自己水平不夠，沒看出問題來，沒看出缺點來。所以，我們做評審時，一般不能只說這篇文章非常好，可以照發，總是要看看這篇文章還有沒有修改的餘地。

現在就來看我給作者提的修改意見。第一個建議跟今天的主題有關，就是重要性。一方面，我們已經提過了，這篇文章對片面倚重計量分析的趨勢是個矯正，但是作者仍然沒充分把這個問題的重要性建立起來，這是這篇文章一個不可否認的弱點。我們知道，中國有大約七十萬個行政村，也就有大約七十萬個村黨支部書記，一篇文章研究一個村的黨支部書記，是七十萬分之一，這個研究的重要性，它的「大的含義」（larger implication），到底是什麼？你可以用各種方法來論證研究問題的重要性。比如說，中國農村的政治結構是同構的，我們可以根據一個村的情況來推斷這個現象在其他地方也一定存在；也可以說，雖然你自

己只對一個村子進行了詳細的研究，但可以根據其他學者的研究判斷這個村的情況不是孤立現象。不管怎麼論證研究題目的重要性，這個功夫都是要做的，不能迴避。打個比方，毛主席講要「解剖麻雀」，你也解剖了一隻麻雀，但是你解剖的這隻麻雀是不是正常麻雀呢？如果你解剖的剛好是一隻畸形的麻雀，還說中國的麻雀都是這個樣子，那顯然是個錯誤的結論。所以，你要去證明你解剖的麻雀是隻正常的麻雀，我們可以通過你對一個村子的研究知道中國農村（至少是很多村子）的黨支部書記的權力運作大概是什麼樣子。

那麼到底怎麼建立論文的重要性呢？除了從實質內容角度證明這個研究問題確實重要，還應該把學術界現有的、公認的重要研究總結出來，然後說這些公認的重要研究有哪些盲點、哪些問題沒充分討論，我的研究做出了什麼貢獻。在審稿意見的最後，我說，不能對這麼多重要的現有研究隻字不提。我把書目和文章列出來，就是告訴作者他的研究在文獻上有個非常明顯的空白。他是 2015 年投稿的，而我指出他應該重視而沒重視的文獻中，最早的發表於 1999 年，也就是說，十五年的文獻他都沒提到。如果簡單地拿一兩篇文章作跳板，在學術上就是投機取巧，沒體現學者應有的嚴肅態度。所謂「嚴肅」，就是很嚴肅地對待其他學者、對待其他學者寫的文章，不能視而不見。學術研究裏撞車的現象經常出現，同時發現一個問題、同時想清楚一個道理是經常出現的事。在科學界，

微積分是牛頓（Isaac Newton）還是萊布尼茨（Gottfried Wilhelm Leibniz）發明的，就有很長時間的爭論。這種情況在社會科學裏就更常見了。一篇文章可能有五十個觀點，我們不可能每個觀點都重視。但是畢竟每篇文章都有一個關鍵觀點。比如說郭正林老師和白思鼎（Thomas P. Bernstein）老師專門討論兩委關係。這篇稿子講黨支部書記的權力運作，對這兩位學者的研究隻字不提，在英文學術界是犯了大忌。

實際上並不需要很長時間來修補這個問題，一個月就夠了，最多三個月。不就是讀幾篇相關的文章嗎？自己的研究已經做完了，現有的各篇文章跟你的研究相關不相關、哪一段相關、哪幾個詞相關，都很容易判斷，根本用不著從頭讀到尾。這篇文章已經做到了八成，甚至八成五，如果把這個漏洞補上，再論證一下這個個案研究為什麼重要，那麼這篇文章就沒什麼弱點了。但是，可能因為學科訓練的原因，也可能因為作者的個性問題，或者是因為作者對自己的研究成果缺乏正確的估價，這篇文章最後沒在這個期刊發表。我替作者感到遺憾，也替這個期刊感到遺憾。這確實是個非常好的題目，他分析的是一個村支書，是個政治強人。強人政治是中國政治的特色，從中央到地方，各個層面都有。他研究的是村一級的政治強人，如果能進一步概念化──打個比方，這個村支書就像我手裏的這塊手錶，而這塊手錶在一定意義上可以代表所有手錶，也就是說，所有的村支書都有強人

的影子，因為政治強人是制度安排決定的；再從手錶推一步到計時器，也就是說，中國大部分一把手有強人的影子，那麼這個問題的重要性就不言而喻了。

課題重要性的層級

下面舉一個我自己的例子，讓大家看一看建立研究問題的重要性有多困難。這是我一篇論文的初審意見。這篇文章算得上是周遊列國了，一直到第十個刊物才被接受，這第十個刊物就是《中國季刊》。投稿審稿時間很長，但這是我自己的問題，不是審稿人的要求太高或者標準太苛刻。前面九次有的是評審過，有的是直接拒稿，不審。直接拒稿的原因也很簡單，就是主編看了以後覺得這個研究不重要，不值得審。

這個研究是關於差序政府信任的。2010年秋天，清華大學的張小勁老師和景躍進老師組織了一個會，討論兩個問題。第一，中國政治是不是有特有的現象。第二，如果有，怎樣用特有的概念來加以分析。如果我們只是從西方的概念庫拿些概念過來不加分析地直接用，實際上就是假定中國政治沒特點。如果中國政治有特點，那麼西方的概念工具箱一定有不合用的地方。張老師和景老師讓與會者思考如果有特殊現象應該用什麼樣的概念來描述。西方的政治學家可能

不接受我們的概念，那沒關係，至少我們在分析自己國家政治現象時有幾個比較合手的工具。我當時說，中國人對不同層級政府的信任好像有個模式，對越高級的政府信任程度越高，對越低級的政府信任程度越低。我把這個現象叫做「差序信任」，我英文不夠好，選的英文詞很怪，hierarchical trust。一開始歐博文老師不贊成這個說法，說它不通(it doesn't make sense)，母語為英語的人看不懂。有意思的是，過了一段時間，他說他能看懂了(now it makes sense to me)。也就是說，如果我仔細解釋一下，他能明白，在英語中也能說通。

這個題目在西方政治學的刊物轉了一圈，我始終無法建立它的重要性。在美國政治學界，關於政治信任的研究上世紀六七十年代比較多，到了八十年代就很少有人做了，最近二十年有點復興，但終究是小打小鬧，沒什麼突破性的成果。這就相當於律詩在唐朝很興盛，宋朝當然也有人寫律詩，但在文學史上，宋詩經常被忽略，宋朝真正著名的是詞。到了21世紀，我還去講什麼政治信任，西方政治學家可能一看就覺得這個題目不重要。這並不是他們自負。我上課經常打一個比方，我們作為中國人要研究英美文學，要研究莎士比亞，那是自討苦吃。研究西方的政治哲學也一樣。文章早就被人家做絕了，我們幾乎不可能做出什麼突破性的東西來。

一開始，我試圖這樣論證這個題目的重要性：大家都同意政治信任很重要，因為它跟認受性(legitimacy)、

政治支持（political support）很接近。研究政治信任面臨的一個難題是測量，被測量的東西有兩面：信任的對象和信任的內容。信任的對象很麻煩，比如信任美國政府，到底是信任總統、國會、司法系統，還是什麼？表面看起來是一個現象，其實又分為幾個部分。西方關於政治信任的文獻在這方面已經做過非常細緻的分析了。我說，信任的對象不僅是不同的機構，還可以是不同層級的政治權威。我們做一個最簡單的區分，對象分為中央政府和地方政府，信任分為高信任和低信任，這已經可以組合成四種模式了。在美國、日本、韓國，甚至台灣，民意調查發現普通民眾對地方政府，也就是最靠近他們的這級政府的信任程度較高，對離他們較遠的政府，比如聯邦政府、中央政府的信任程度較低，這被稱為距離悖論（paradox of distance）。為什麼叫悖論呢？因為正常情況是距離產生美，離得越遠你覺得越美、越可信，但實際上離得越遠反而越得不到信任。可是中國的情況剛好相反，我們普通老百姓認為中央最可親，中南海的人跟我們最親，最值得信任。文革時有首歌叫《太陽最紅，毛主席最親》，它確實一定程度上反映了老百姓的心態。大家注意，政治信任是個公認重要的題目，但是政治信任的測量已經是次一級的題目；測量又有兩個方面，測量的對象又低了一級，我討論的是個更細緻的對不同層級政府的信任模式的測量，這又次了一級。越往深處走意味著題目越小，到最後這個題目就非常小了。

當然，雖然這個題目很小，但是不是就一定不重要、不應該在政治學界引起重視呢？也不是。我覺得那些政治學刊物認為這篇文章不重要，是因為這個所謂的差序政府信任一般出現在西方政治學所說的威權國家裏。如果站在正統的政治學角度看，威權國家的政治信任本身能不能研究就要打個問號。我們説到信任時，信任者和被信任者應該是平等的，這是一個非常基本的假定。如果信任者和被信任者不處在平等的地位上，那就談不上信任。即使退一步承認威權國家的政治信任值得研究，西方的政治學家會想：你的發現不管多麼正確、多麼有根據、多麼有啟發，對我們理解美國政治、理解歐洲政治並沒什麼幫助。所以，我現在回過頭來想，這個題目從一開始就注定會被政治學科的刊物認為不重要。

　　我舉這個例子是希望告訴各位，我在學術界混了二十年，最基本的功課仍然做不好。我碰了好幾次壁才明白為什麼好幾個政治學刊物要麼不審，要麼評審意見非常負面。到了去年夏天，我覺得這篇文章可能真的不行了，因為這麼多的刊物都沒接受。中國研究領域裏比較新的、行內不那麼看重的刊物我也投過了，得到的評語還最嚴厲。兩個審稿人的評審意見加在一起才五行，一個寫了兩行，一個寫了三行，一個說看不明白這篇文章到底想説什麼，一個說這篇文章不應該投給這個刊物。我想也許要破例了。我跟歐博文老師遵守一個原則，就是絕不浪費寫的東西（nothing goes to waste），我們沒有任何一篇文章的最終結局是工作論文（working paper）。我這個文章寫了很長時間，最早構思是2010年，2012年開始用英文起稿。但我也確實覺得一直講不明白自己的要點（point）到底是什麼。point這個詞很難找到合適的中文對應，翻譯為「要點」、「道理」都不完全合適。

最後是怎麼轉過彎子的呢？2015年7月份我到牛津大學去，住在墨頓學院（Merton College）的對面，從窗口能看到墨頓學院那個尖頂的教堂。當時最明顯的感覺就是那個頂特別高，傍晚以後，那個地方幾乎不見人，我有時感到很詭異，猜想，這個幾百年的教堂裏不知有多少鬼魂。就是在這樣一個環境裏，我反覆問自己，我的point到底是什麼，我到底有沒有一個point。有一天，我忽然開竅了。我關心差序政府信任，其實只是因為有這樣一個疑惑。假設我們調研時遇到兩個人：張先生和王先生。張先生對各級政府都100%地相信，而王先生對中央政府是100%地相信，對省政府80%，對市政府60%，對縣政府40%，對鄉政府20%。我關心的問題是，這兩個人誰更信任中央呢？有的人會覺得我提的這個問題沒道理，張先生和王先生不是都回答了100%地信中央嗎？我覺得不這麼簡單，因為信不信鄉政府、縣政府實際上折射了信不信市政府、省政府、中央政府，因為中央任命省、省任命市、市任命縣、縣任命鄉，這裏有個所謂委託代理的關係。在中國，不信任代理者，可能折射了對

委託者的不信任。所以，我真正關心的是怎樣準確估計對中央的信任。我原來以為我關心的是差序政府信任，這時終於意識到我真正關心的是如何更準確地測量對中央政府的信任。

一旦轉過這個彎子，就好辦了，中國民眾信不信中央當然是個重要的問題。稿子投到《中國季刊》後，雖然主編口氣很冷淡，但我看到第一份評審意見時心裏就有底了，因為這位審稿人説「無論是在理論層面，還是對我們理解中國，政治信任都是非常重要的題目」。《中國季刊》的審稿標準裏有兩個要求：第一，這個問題對當代中國是重要的；第二，對學科是重要的。我看到這份審稿意見的第一句話，就決定修改再投（revise and resubmit）。差序政府信任這個課題的重要性就是這麼建立起來的。課題的重要性建立起來，文章就好改了。

我在跟歐博文老師學習的過程中，學到了他的一個習慣，就是把所有的文章、每篇文章的所有重要版本都保留下來。修改一篇文章的時候，如果非常肯定改了以後不可能再改回去，那麼就直接覆蓋舊版本。但如果修改時不太確定到底是改好了還是改壞了，就把文件名改掉，從1改成2，從2改成3，這樣，如果哪天發現文章越改越糟，前面的還能找到。大家可以看看，我這個文章經歷過多少個版本。最早用英文起稿是2012年，當時是為了參加美國中西部政治學年會，那時候有11個版本。在後來投稿的過程中，關鍵詞一直是差序政府信任，我都有很詳細的記錄，評審意見

我也都保留著。等後來轉過彎投《中國季刊》，先修改
了幾稿，送出去的是這個CQ5，第5稿，最後定稿是
第8稿。加在一起有二三十稿了吧。當然這不是最多
的。歐博文老師1996年發在 *World Politics* 上的那篇文
章，最後定稿是第102稿。

研究方法是
為我所用的工具

怎樣做研究？

什麼是研究？

我們各位都是做研究的，研究是什麼？我套用鄧小平先生的一句話：研究有一個中心，兩個基本點。這個中心就一定要創造新的東西，不創造新東西就不是研究。新東西可以是新的知識、新的見解、新的概念，當然最高層次是新的理論。要達到這個目的，要有兩個基本點。一是要有新的材料。中山大學馬駿教授有個很形象的比喻：小孩子喜歡玩泥，得有一團他自己的泥巴，而每個學者也都得有一團屬於自己的泥巴。另一個基本點是要有一個概念，也就是看問題的角度。康德老先生說，我們看世界，一方面是我們看到世界，另一方面是我們在看世界；我們看到的世界永遠取決於我們的視角，取決於我們腦子裏的概念。如果我們一直用別人提出的概念看世界，很難看到新東西，所以我們要用自己的概念，用別人沒有提出的概念。但是，提出新概念很困難，要超越他人，也要超越自己。超越別人很難，超越自己更難，所以研究是極限運動，研究者永遠不可能達到瀟灑自如的境界。年輕學者，特別是研究生，應該樹立這個觀念。

如果你希望自己的生活很瀟灑，很自如，很輕鬆，那麼研究不是你應該選擇的職業。

方法與方法論不是一回事

我們先界定一下什麼是方法，什麼是方法論。方法是技術，是手藝。社會科學裏面的定性方法、定量方法、混合方法都是手藝。方法論是對方法的哲學思考、科學研究和技術革新，是專門的學問。學方法用方法是一回事，研究方法論是另一回事。具體點說，看待方法有三個角度。第一，專家視角，把方法作為研究對象，探索完美的方法。專家視角假定研究者有無限智力、無窮資源、無邊自由，所以方法論專家無一例外設立常人達不到的高標準，彷彿不這樣做顯不出他們高明。有的研究者碰巧精通某種方法，就以為這是唯一科學的方法，是一種病態的專家視角。錢鍾書先生一段話批評的就是這些人：

Structuralist stylistics is not a bad thing if kept in its proper place，無奈治文者十之八九不能品味原作，不僅欲以顯微鏡、望遠鏡佐近視眼之目力，而徑以顯微鏡、望遠鏡能使瞎眼者見物，以繁瑣冒充精細，於是造成 Rene Wellek 所嘆 "Linguistic imperialism"。世間一切好方法無不為人濫用，

喧賓奪主，婢學夫人。The abrogation over the end by the means, the handmaid usurping the place of the mistress. 如考據本為文學研究之 means，而胡適派以考據代替文學研究，世事莫不然，非獨文學！

第二，非用戶視角，就是認為方法論專家提出的方法沒用。兩種人採取這個視角。天才學者自創方法；以天才自居的學者或者非學者不屑於講方法。

第三是用戶視角，把方法當工具，這是並非天才的學者採取的視角。採取用戶視角，一是相信方法論專家，放心使用他們的產品，二是不強求弄清這些產品的原理和工藝。

方法論太多、太深奧，要怎麼辦？我這幾年開會和做講座時提倡用戶視角，是覺得方法論太多，講得太深奧。除非是天才，精通一種方法需要很長時間，如果各種方法都學，還都想學精，那就根本沒有時間精力做研究。小提琴家帕爾曼（Itzhak Perlman）說，小提琴技巧很多，都學會了，也95歲了，哪還有時間學音樂？課堂上、方法論培訓班，講課的往往是方法論專家，不是實際做研究的用戶。結果，很多學生學了方法，覺得高深莫測，不敢用。我提倡的用戶視角是敢字當頭。對各種方法，首先大體知道它們的功能。比如，知道有個方法叫作多層線性迴歸，可以分析小環境對人的影響，例如分析學生所在班級、學校對學生學業的影響。知道這就夠了，如果能學會基本操作更好，但沒有必要精通。研究到這類問題，有了合適的數據，用的時候再去學。

急用先學，才能立竿見影。我們不要過分實用主義，但是，一般來說，上方法論課學到不怕就達到目標了。無論什麼方法，不怕就是學會了，敢用就是學通了，用對就是學精了。

定性方法：
推己及人

　　定性，就是確定一個事物的性質。定性研究，首先探索一個現象是什麼，第二猜測它為什麼出現。具體點說，定性研究的目標是發現和描述個別問題、使用概念界定個別問題、提出有關因果機制的假設。定性研究方法很多，專著也很多，不妨借來翻翻，一是了解了解，二是當智力遊戲，不要太當真。比如說，比較研究有求同法、求異法、求同存異法，還有人設計用布爾代數做比較研究。這些都是智力體操，相當於武術套路，練練有好處，但不能指望實用。正式上課，定性方法可以講一個學期。限定一句話也能講完：定性方法歸根結底就是推己及人。

推己及人的技術

　　《紅樓夢》第五回有副對聯：「世事洞明皆學問，人情練達即文章。」世事洞明，就是推己及人，就是定

性研究。我們研究社會、研究政治，是研究從事各種社會活動、政治活動的人。要想理解他們做什麼、想什麼、說什麼，最好是設想一下，如果我們處在他們的地位，我們會怎麼做、怎麼想、怎麼說。先明白自己，然後再根據自己去推斷別人，就是推己及人。推己及人一點也不深奧，我們日常生活中時時刻刻都在推己及人。

定性研究的核心是什麼？

　　時時刻刻都推己及人，並不意味著能自然而然地學會準確推己及人。大家都會說話，但是要當演說家，得學修辭，接受專門訓練。我們推己及人時經常犯錯，一是以小人之心度君子之腹，二是以君子之心度小人之腹，表面看是兩類錯誤，其實是一類，就是沒有做到知己知彼。推己及人，一是儘量認清自己，儘量地擴充自己的人生經驗，二是注意我們是我們，別人是別人。

　　認識自己看起來容易，實際上很難。我們每個人的生活經歷都是單向的。在某一時刻，我們有選擇，一旦做了選擇，就沒法回頭，就沒有選擇了。但是，我們知道我們的生活軌跡可以有很多種。比如，假如晚幾年恢復高考，我的生活軌跡就完全不一樣了。認識自己，僅僅看自己實際的生活經歷不夠，還要看自己可能的生活經歷。認識這些可能性也是認識自己。現實中我是教師，但我可能是農民，可能是鄉村教師，可能是秘書；現實中我是守法公民，但我可能犯法，可能不懂法律。要了解自己可能的生活經歷，最

方便最可靠的方法是觀察實際上具備這些生活經歷的人。我沒當過官，但可能當官，我要認識那個當官的我，最好是了解實際當官的人。這個認識自己、擴充自己人生經驗的過程就是定性研究的過程。

同時，努力認識自己，通過了解他人擴大自己的生活經驗，僅僅是推己及人的基礎。在「推」的過程中，要特別注意不能簡單地「代入」。「換位思考」這個說法太輕飄，容易讓人誤以為思考問題真能像站隊一樣「換位」。實際上，每個人都是獨一無二的，「推己及人」是個相對的研究方法。記住這一點，就不會誤以為自己有「讀心術」，彷彿自己真能看清他人的心思。推己及人更像是藝術，而不像科學，原因就在這裏。

訪談六要點

知道定性研究的關鍵是擴充自己的人生經驗，各種定性研究方法就很容易想通了。各種方法，都是幫助學者對研究對象從不了解到了解，從了解到理解，從理解到感同身受。比如說，訪談是個定性研究方法。我覺得訪談有六個要點：(1) 訪談是請教，訪談者是學生不是學者，是求教不是研究；(2) 訪談要有備而來，但要期待失望和驚奇；(3) 最好的訪談是聽人訴

苦、發牢騷甚至罵街；(4)訪談要始終保持深信不疑的姿態，絕不抖機靈；(5)刨根問底，不厭其詳，多說「對不起，我沒聽懂」；「您能不能舉個例子？」像說相聲捧哏，以郭啟儒先生為榜樣，把「對」、「好」、「哦」、「有意思」說得恰到好處。記住老頑童周伯通的建議，多問「後來怎樣？」；(6)盡信訪談不如沒有訪談。

　　這六點中，最重要的是不要以研究者自居，不要把訪談對象當研究對象。訪談時，我們是學生，不明白我們研究的現象到底是怎麼回事，想讓人家教我們。如果你的心態是學生求教，又不交學費，讓人家白花時間來教你，那麼即使沒聽到多少新東西，你也不會覺得浪費時間。如果訪談時以研究者自居，以具有話語權的新聞記者自居，甚至擺出一副微服私訪的架式，不可能做好訪談。第二點也值得注意。為什麼要期待失望與驚奇？期待驚奇好理解，期待失望不是自相矛盾嗎？不是。訪談是找你自己想不出來的東西，找感覺，絕對不是去找學術問題的答案。有備而來，但期望通過訪談發現自己準備不足，甚至準備有誤，這才是做訪談的目的。如果你做了一次訪談，發現人家說的都是你能想到的，你不用去做訪談你也能想到怎樣回答這個問題，那有兩種可能，一是你訪談失敗，二是你研究做得差不多了。如果這時你的研究剛剛開始，後者的可能性顯然不大。你做了訪談，聽到的東西你自己根本想不到，坐在書房裏根本編不出

訪談時要如何擺正位置，調整心態？

來，這個訪談就成功了。第三點，訪談歸根結底是擴充自己的人生經驗，深刻的人生經驗基本上都是不愉快的。但是，我們只對信得過的人講自己不愉快的經歷，因為這些經歷可能是自己的弱點。所以，如果訪談時能聽別人傾訴，聽人家發牢騷，講他們生活工作的難處，說明你贏得了他們的基本信任。聽人家發牢騷雖然不愉快，但能很有效地擴充自己的人生經驗。

第六點也值得討論，就是盡信訪談不如沒有訪談。訪談結束後，儘快記錄要點，細節當然記得越多越好，千萬不要迷信自己的長久記憶力。但是，分析訪談資料時不能完全相信你聽到的故事。訪談對象很容易給你策略應答。我們必須記住，訪談對象至少與我們一樣聰明，很可能比我們聰明。于建嶸博士觀察到，長期在北京上訪的人，個個有三套話語，對官員一套，對學者記者一套，對其他訪民一套。即使訪談對象不存心騙人，也不能完全相信他們的故事。人在講自己故事的時候，永遠都有歪曲，不一定是故意的。我們講自己過去的事情，自認為是說實話，實際上我們的記憶可能有誤，可能有選擇性，這是一個問題。另外，我們講過去的故事，會不自覺地把自己當時的決定和作法合理化。本來當時做這個事情很勉強，很不情願，回憶的時候，你可能想出種種理由證明自己當時的決定很英明，這叫合理化。所以，訪談資料不是現成拿來就可以用，要經過分析和鑒別。你

做十次訪談可能只有一次有用，唯一有用的這一次，可能做了三個小時只有一句話有用，但這一句話可能足夠讓你去琢磨很多年，那這個訪談還是非常值得。

我訪問過一些到北京上訪的人。最讓我開眼界的是一個河南的黃先生。他當過包工頭，被地方政府坑了。我說，老黃你上訪很多年了，在什麼樣的情況下，你會考慮息訪？他說要包賠我損失。我跟他講，現在假定我是政府全權代表，我們來談判吧。你算算你的損失有多少？40萬。我說，那好，賠你40萬，息不息訪？我們都能猜出他怎麼回答：不息訪。為什麼？還有間接損失，如果我不上訪，接著當我的包工頭搞建築，還可以掙錢呢。我說，你算算，間接損失有多少？20萬。我說，好，這20萬也賠你，息不息訪？還不息訪。為什麼？我這十來年上訪，老婆跟我離婚了，兒子工作受影響。好，你把這個損失也算算，多少錢？20萬。我說，80萬都賠你，息不息訪？下面這個回答，完全出乎我意料。他說，那我就更不息訪了！不息訪的理由我做夢也想不到。他說，如果我上訪成功了，就在北京開一個免費上訪培訓班，教那些還沒成功的兄弟姐妹怎樣上訪。這次訪談，讓我意識到進京上訪會改變上訪人的價值觀和社會角色意識。

閱讀文獻六要點

如何有效閱讀文獻？

　　除了訪談，定性研究的另一個重要方法是閱讀文獻材料，比如新聞報道、政府工作報告、網上的帖子。遇到生動有趣的材料，要有意識地把閱讀速度減慢。讀得快是看不到東西的。一方面，文字是有限的，不管怎麼樣認真寫，能表達的東西都有限，言不盡意；另一方面，文字的意思有很多層，表層，深層，更深層，言有深意。我建議要像讀外語一樣讀中文。具體有六點：(1) 找故事、找事實；(2) 找細節，神魔均在細節中；(3) 找全貌，玩拼圖遊戲；(4) 看字裏行間，反覆玩味；(5) 區分公開文本和隱藏文本；(6) 區分文本與行動 (聽其言，觀其行)。第五點值得説明幾句。公開的文本和隱藏的文本是不一樣的。我們用心讀讀于建嶸博士關於安源工人的書，就知道工人在公開信裏講的話跟他們私下講的完全不一樣。在公開信裏看到的是典型的規則意識，私下的談話裏看到的更像是權利意識甚至革命意識。

新概念：定性研究中的紐結

認識自己，推斷他人，有兩個要素，一是感知到某個事物，二是理解某個事物。比如，你先直覺到自己跟周圍的人性格不一樣，然後你根據心理學家的性格分類，界定自己，同時也界定別人。這兩個要素經常分不開。比如，我把手錶摘下來，問你這是什麼，你說這是手錶。這，是你感覺到的某個事物，手錶是個概念。做政治學研究時，有時不清楚「這」，有時知道「這」，但說不清它是什麼。定性研究就是要解決這兩個問題。第一步，發現一個新事實，這是基礎。第二步，說清楚它究竟是什麼，這是分析。先使用現有概念，現有概念不適用，就想辦法修補概念體系，修正現存概念或者提出新概念。舉個例子。上百名農民，開著拖拉機，帶著炊具被子，一路敲鑼打鼓，到了縣政府門口，擺出長期駐守的架式。這在上世紀90年代是個新現象。它是什麼呢？不容易回答。說它是群體性事件，是偷懶，因為群體性事件不是科學概念，是個政治術語。這時就得看歐洲的美國的那些學者根據其他國家的經驗發展起來的有關抗議、革命、社會運動的文獻。在現有文獻中找不到合適的概念，就只能根據現有文獻的理論和概念提出新概念。研究中國政治，有兩個基本前提。第一：中國人是人，中國政治是人類的政治。在這個意義上，提倡社會科學

本土化是自欺欺人。第二，中國人是中國人，中國政治是中國人的政治。在這個意義上，簡單套用其他社會背景下發展出來的政治學概念也是自欺欺人。

年輕學者是否可以提出「新概念」？

關於提新概念，我多說兩句，因為經常有年輕學者提這個問題。首先，要敢於提新概念。有個老師告誡學生不要嘗試提新概念，說名家才能提新概念。我覺得不對。說只有理論權威、學術權威才可以創造新概念，是犯了個簡單的錯誤，叫做倒果為因。權威之所以是權威，是因為他提出了學術界公認的新概念，不是先當權威，然後提新概念。名作家和偉大作家的區別，就是名作家雖然有名，但沒有提出新概念，而偉大作家提出了公認的新概念。我們比較一下郭沫若先生跟魯迅先生就知道了。郭沫若先生哪個文學人物讓我們大眾能記住？相比之下，魯迅先生讓我們記住的有一系列人物：阿Q、趙太爺、王胡、小D、孔乙己、閏土、祥林嫂，都是新概念。中國知識分子有很多概念，《三國演義》裏最傑出的、最優秀的知識分子是諸葛亮。諸葛亮是個概念。我們看錢鍾書先生的《圍城》，裏面也有一系列知識分子概念，最有名的是方鴻漸、趙辛楣、李梅亭、高校長也是新概念。列寧在他的《哲學筆記》裏面提到一個比喻，說概念體系像認識世界的一張網，每個概念、範疇都是這個網上的一個紐結。這個比喻很生動。我們要去撈魚，需要用網。如果網眼很大，我們可以撈著很大的魚，撈不到小魚，因為小魚可以從網眼裏跑掉。我們把網織得更密

些，就需要有更多網上紐結。紐結增加了，網密了，小魚也跑不掉了。新概念就是這新紐結。

第二，提新概念要認真推敲，經不起推敲就推翻，不要為了提新概念而提新概念，更不要每做一點經驗研究就提個新概念。貿然提出不成熟的概念，經不起自己推敲也不主動推翻，被別人用奧卡姆剃刀（Occam's Razor）剃掉，就不好了。新概念是否有生命力，有個簡單測試。做定性研究，最理想的發現是這樣的，你不說別人誰也想不到，你一說人家馬上就同意。如果能通過這個檢驗，說明新概念指出了自己的盲點，這盲點也是別人的盲點。我和歐博文教授研究農民的政治行動，把一種行動界定為「依法抗爭」。我們的研究過程就是推己及人。依據的事實，一是來自直接觀察，二是來自文獻材料。農民有句話：「你們不聽中央的，我們就不聽你們的。」這句話是依法抗爭的精髓，是我在民政部湯晉蘇、王建軍兩位先生的論文中看到的，他們引述的湖北省鍾祥縣縣委書記王宗儒先生的一篇調查報告。我最初使用「依法抗爭」這個詞是1996年，一直到2004年我才確信我推己及人沒有出錯。那年我去福建，在廈門採訪一個姓洪的農民領袖。他說，我們不是亂來，是按照法律維護我們的權益，我們是依法抗爭。我聽了非常高興，就像禪修多年，終於得到祖師印可一樣。歐博文教授和我都不笨，但我們兩人共同研究了十年，才寫出一本129頁的書，儘量全面地界定依法抗爭。但是，直到今天，我

如何測試一個「新概念」是否有生命力？

們也只敢說這是個比喻，是否成為政治學概念，還有待學術界考驗。由此可見，提概念絕對不是件輕而易舉的事。

最後，提新概念的過程是抽象過程。抽象，就是不斷剝離無關本質的細節，保留與本質有關的細節。抽象過程與雕刻有點相似，把多餘的石頭去掉，剩下的就是藝術作品。有些年輕學者做了優秀的人類學研究，但感到很難提煉出有理論意義的概念或說法。我的建議是在思維上遠離中國，最好是乾脆到歐洲或美國去，到了以後不要跟中國人打交道，只跟對中國完全不了解的外國學者講解你的經驗觀察，努力借用西方的理論概念解釋你的經驗觀察。他們聽不懂，或者似懂非懂，就說明你借用的概念不適用，或者不完全適用。在這個過程中，你就會逐漸從個別走向特殊，從特殊走向一般。

定性研究有長處，也有短處。長處是比較自由，框框較少，允許大膽假設，所以定性研究有比較強的創造性。短處是無法比較牢靠地趨近因果推理，無法控制其他變量，研究結果讓人覺得不牢靠，此亦一是非，彼亦一是非。如果你做的是個案研究，開會也好，寫文章也好，經常會遇到有個問題，這個案例的代表性怎麼樣，有沒有普遍性。這是個正當問題。年輕學者面對這樣的問題有時會舉手投降，打白旗，說我的研究就是個案研究，沒有普遍性。這樣說其實不準確，也沒有必要顯得這麼理虧。我們講自己研究的

時候，更多的時候要講它的長處。定性研究的長處是容易發現新現象。最幸福的動物學家是那個在雅安看到大熊貓的法國傳教士。所以，如果我發現了一個新現象，人家問我有沒有普遍性，我會反問他們見沒見過這個現象。承認沒見過，很好，我們一起探索它究竟是什麼，然後才能問有沒有普遍性。這樣不僅不輸氣勢，還順便給自己的下一個課題做了廣告。

定量方法：
有技術支撐的證偽思維方式

定性、定量方法各
自適用於什麼樣的
訪談對象？

定性方法與定量方法對人有不同的認識論假定。定性方法有如下假定：訪談對象是理性的，知道自己究竟做了什麼，也知道為什麼做；訪談對象有基本的誠實；即使訪談對象不誠實或無意識地誤導，研究者也可以通過比較分析發現真相。相反，問卷調查有如下假定：調查對象很可能並不自覺地知道自己做了什麼，也不知道為什麼做；調查對象回答他們認為平淡無奇的問題有基本的誠實，但是往往沒有能力或者沒有耐心準確解釋他們的行為取向或行為方式。所以，問卷調查只問簡單的問題，通過精密的統計分析發現不同變量之間的系統相關性，進而通過理論分析解釋變量之間的相關。

定量研究是有技術支持的證偽思維方式。證偽主義是研究科學哲學的波普（Karl Popper）教授提出來的，他稱之為批判理性主義，學哲學的人都能侃幾句。但是，如果沒有統計學技術支持，證偽主義只是邏輯，沒有實用性。所謂證偽主義，道理很簡單。比如，有個論斷，人都會死，如果從證實的角度驗證它，那很

麻煩。這是個全稱判斷。古今中外，一百五十年前出生的人都死了，仍然不能證實這個判斷。證偽主義很巧妙，換個角度想問題，提一個相反的命題，人跟死亡沒有關係，術語叫零假設。然後根據概率論做個預測，如果這個命題為真，那麼我們觀察到現實狀況的概率有多大。這個現實狀況就是一百五十年前出生的人都死了。如果預測的概率非常小，比如說是200億分之一，可是我們確實觀察到了現實狀況，那麼就說明這個預測不準，進而說明預測所依據的假設可能是假的。這時，我們放棄這個命題的犯錯率就是200億分之一。如果我們願意承擔200億分之一的犯錯風險，我們就放棄零假設。放棄零假設，就是接受原來的研究假設：即人都會死。簡單說，這就是證偽主義思維方式。證實主義追求確定性，追求絕對真理；證偽主義則告訴我們沒有什麼絕對真理，科學研究永遠達不到確定性。

定量：不玄乎，陷阱多

關於定量方法，我上課時比較強調三點：(1)定量研究的目標是發現趨勢問題、對趨勢做多變量分析、驗證有關相關性的研究假設；(2)定量方法是有技術

支持的證偽思維方式；(3)定性分析依據的是事實和邏輯，二者都是確定的；定量分析從樣本推斷整體，依據的是概率，概率是不確定的。我編造了一些說法，這裏不能一一解釋，列舉出來，也許有點參考價值：(1)測量與測量的層級：數是數，亦非數；(2)平均值不是描述，而是預測，人生就是與平均值既團結又鬥爭，低於平均要達到平均，達到平均要超過平均；(3)正態分佈是一種世界觀：「萬物不齊天地事，一無可寄古今情」(啟功先生的對聯)；(4)線性正相關是水漲船高；負相關是此起彼落；(5)檢驗假設：欲擒故縱；(6)線性迴歸是根據相關變量改進根據平均值作出的預測，例如，不知道父母身高，猜18歲女兒的身高，18歲女性的平均身高是最佳猜測；知道父母身高，根據父母身高與子女身高的迴歸係數猜測18歲女兒的身高，猜得更準；(7)統計控制：不控制，發現牛比羊大，狗比貓大；控制，發現羊比羊大，狗比狗大；(8)因子分析與構建量表：化繁為簡；使用多指標提高測量可靠性：不能直言相詢，只能旁敲側擊；(9)邏輯斯蒂迴歸：曲線救國。為避免邏輯上荒謬的迴歸結果，把概率轉換成發生比，再取發生比的自然對數；(10)結構方程模型：閉門造車；(11)多層現性迴歸：人是環境的產物。

　　從用戶視角看定量方法，要掌握一個平衡。第一，定量方法很巧妙。第二，使用定量方法不需要高深數學。定量分析很複雜，很容易出錯，所以學定量

方法有助於訓練縝密思維。以檢驗假設為例，統計分析包含了三個要素：(1) 大膽假設；(2) 小心求證；(3) 良心決斷。比胡適先生的經典說法還多了一條。這三要素體現在檢驗假設的五步。美國學者早就注意到，這五步與無罪推定原則下陪審團審判制度幾乎完美契合，研究者在每一步扮演不同角色：(1) 提出研究假設：扮演控方律師；(2) 提出零假設：扮演辯方律師，從零開始；(3) 根據研究課題選擇顯著度：扮演陪審團成員，根據案件類型選擇判決時的良心底線；(4) 計算檢驗統計值：扮演控辯雙方律師，出示證據，法庭辯論；(5) 決定是否放棄零假設：扮演陪審團成員，商討投票。整個過程，像一個人演一台戲，也像周伯通發明的左右互搏，很好玩。

計量分析的長處是至少在表面上能克服定性方法「此亦一是非，彼亦一是非」的缺點。研究假設和結論表面看來具備較高的精確度、普遍性和可證偽性。缺點是證明的東西往往顯而易見，甚至瑣屑無聊，對於認識複雜多變的現實幫助不大。有些做計量研究的學者滿足於證明變量之間有非隨機的關係，也就是統計上顯著的關係，但是統計上顯著不等於實質上重要。統計上顯著，只是一個指標，這很像釣魚：顯著，就是那個地方冒氣泡，釣魚的人覺得可能有魚。是不是真有魚呢，你得去找，不能說那個地方冒泡就一定有魚，而且一定有大魚，有重要的東西。社會科學研究還是得說出個道理才行。

定量研究的優缺點？

計量方法可以不用，但最好懂一點。計量方法不玄乎，有些人出於各種原因故神其說，不要信邪。但計量方法也絕對不簡單。歧路多，陷阱多，可靠嚮導少，極易出錯。不幸的是，計量方法因為花樣多，也容易作偽。我們作為用戶，老老實實學，誠誠懇懇用。學一學，因為它是一種思維方式，如果我們不學定量的基本技術，證偽思維方式永遠停在表面上。要學會計量方法，得有自己的疑問，自己的數據。

香腸戰術

什麼是「香腸戰術」？

順便說一句，用計量方法寫文章，更需要有堅強的學術良心。做定量研究投入非常大，做一個問卷調查動不動就得花幾十萬塊錢，所以定量研究裏流行香腸戰術 (salami tactics)，就是把一根香腸切成若干片兒，分別賣。做定量分析的人特別容易採用香腸戰術，當然你也可以說這不是問題，是他們行當裏允許的。做一個數據要花很多錢，花很長時間，如果最後發現只有一個有趣的因變量，那就很麻煩了。這個時候只好把研究結果切開，一片兒一片兒地賣。假定你可以用結構方程模型描繪清楚一種關係，有上游變量，有中介變量，有因變量，一篇文章就講清楚了。

但你也可以把它拆開來，把中介變量跟因變量放在一起是一篇文章，把上游變量跟中介變量放在一起是另一篇文章，把這三個加在一起又是一篇文章。這還算比較誠實的。比較不誠實的方法是把理論上應該是自變量的東西當作因變量來處理。這樣做當然也不是完全不行。我們之前講過，對任何一個現象都可以問一連串問題，複雜過程的每個環節都是一個因變量。如果認真看那些做定量分析的學者的履歷，我們有時會發現有的人有好幾篇題目高度相似的文章，說明這人可能在玩香腸戰術。這可能不是什麼大事，我們至少可以理解，花了那麼多錢只寫一篇文章，投入跟產出相差得太大。但是，我不會這樣做。等你們比較資深了，不再面臨生存危機的時候，我建議各位不妨考慮採取相反的戰術，就是把本來可以拆分成三篇文章的東西寫成一篇文章。這樣的文章是完整的研究，能讓人記住，對你學術地位的貢獻可能大於三篇文章。

混合方法可能是美麗的陷阱

定性方法和定量方法各有各的優勢、各有各的短處。現在學界比較流行混合方法，就是兩個方法一起用，希望能取長補短，做出完美的研究。混合方法

兩個意思。主流方法包括定性方法、定量方法、形式化模型方法、實驗方法、話語分析。廣義混合方法是上述方法的任意組合，狹義混合方法指定性方法與定量方法相結合。比如，以訪談為基礎設計變量和變量的測量指標，進行定量分析，找出變量之間的關係，然後重新回到定性分析，解釋變量之間的關係，探索統計相關背後的因果機制，解釋問卷調查的結果。以定性研究為基礎設計定量研究的假設。當然，也可以第一步做定量，第二步作定性，根據定性修正測量方法，改進研究假設，再用定量檢驗。

總而言之，定性研究跟定量研究永遠是互相補充的，互相輔助的東西。不做定性研究，定量研究無從談起；只做定性研究，趨勢性的東西、全局性的東西無從判斷，很難靠近因果機制。混合方法其實是常識，難在操作。應用混合方法需要很多資源，發表文章還特別難，因為很容易兩頭不討好。做定量的評審說定量部分做得不夠精緻；做定性的評審說定性部分做得不夠深刻。所以，我覺得混合方法是資深學者的遊戲，對年輕學者可能是個美麗的陷阱。

研究方法：手感與工具

　　最後我來說兩個感想。第一個感想，研究方法是一種感覺。打球的人要有球感，比如說，打籃球要有手感，做研究也需要手感，這種手感是不可能短期速成的。方法論的培訓班、研討班都有一定價值，但是千萬不要相信你可以一個月甚至半個月掌握研究方法，那是不可能的。如果有方法論培訓班告訴你，我這兒要求零基礎，可以速成。大家可以放心，一定是騙子。張中行先生回憶周作人，講了個小故事。當時市面上有本書叫《日語百日通》，有人買了這本書，託人問周作人先生是不是真的可以一百天學會日語。周先生勸那人幹點別的，不要白白耗費一百天，可惜。

　　第二個感想是，我們方法論課堂給學生提供的往往是一車兵器。定性方法若干，定量方法若干，學生覺得沒辦法入手，因為根本不可能完全掌握這些方法，不完全掌握方法怎麼去做研究呢？我這裏借用宋代一個禪師的話，他說，弄一車兵器，不是殺人手段，我有寸鐵，便可殺人。當然，一個信佛的人張口閉口講殺人，不大合適，但道理是通的。我們做研究歸根結底是要培養一種感覺，這種感覺只能在實際做研究的過程中培養起來。方法論講得太玄乎了就變成神話，把方法論變成神話就把方法的位子擺錯了。方法歸根結底是工具，我們要使用工具，但是工具不能

代替研究。就像錢鍾書先生說的，顯微鏡、望遠鏡對我們有用，但是顯微鏡、望遠鏡並不能讓瞎子看見東西。如果我們要做研究，一定是以我們自己選擇的題目為本，也就是說以我們自己為本，然後去使用方法，在使用的過程中才能真正學會方法。這個順序永遠不可顛倒過來，如果你認為必須要學會方法才能做研究，就把順序顛倒了。

寫作過程
也是研究過程

為誰而寫？

學術機構內部的考量

寫作首先要解決一個問題，就是為誰而寫。現在刊物很多，我們為了生存而發表，首先要考慮投什麼樣的刊物。這裏面需要考慮的因素太多了。比如說我們系制定評審標準時，制定了一個在美國學者看來是亂搞的原則。我們根據SSCI的排名來判斷刊物的重要性，用的是五年影響因子，不用單年的。社會科學，尤其是政治學反應很慢，今年發表的文章，就算當年就有人引用，也可能三年後引用的學者的文章才發表。用單年度影響因子評判刊物在學術界的地位是不準確的，我們用五年影響因子，排出前10%，前30%，前60%。這沒什麼問題。最容易讓美國學者感到奇怪的是我們的一個原則，就是各個學科等量齊觀，不管是公共行政、政治學、國際關係、區域研究、社會學、心理學，每個學科的價值都相同。比如說，區域研究前10%的刊物跟政治學前10%的刊物是等值的。換句話說，在我們系，在《美國政治科學

如何根據不同學校的標準選擇投稿刊物？

評論》發一篇文章跟在《中國季刊》發一篇文章等值。這樣的標準如果拿到美國主要大學的政治學系，系主任會拍桌子，他們會說這兩個刊物怎麼可能等值呢？有個消息，我不知道是不是屬實，聽說加拿大有個學校的系主任公開聲稱區域研究刊物在他的系不算數，也就是說，研究中國的學者在《中國研究》、《中國季刊》、《近代中國》這樣的刊物發文章，寫了白寫。這不是我們能解決的問題，也不是那個系的學者能解決的問題，這是個現實條件。我只是給各位一個提醒，關於區域研究的價值，在學術政治裏分歧很大。學術界不是世外桃源，也是人世的一部分，有很多政治遊戲在操作，我們在選刊物的時候要考慮到這一點。

我這麼多年只寫過兩、三篇中文的東西，主要原因是中文文章在香港不算數，不算數我就不寫。寫一篇壞文章也要花很多時間。這句話不是我說的，是一位我很尊敬的前輩學者墨寧（Melanie Manion）教授說的。如果某個期刊在你們系、你們學校的評價體系裏不算數，那麼就不要去投，除非你看到了近期離開這個單位的前景。如果你現在在某某大學，但是你的目標是更好的大學。你在的這個學校不看重某個刊物僅僅是因為目前在這個學校掌權的人學術水平有問題，那你就不要理他。香港的大學也存在類似的壞現象。有的系都因為期刊名單（journal list）發生嚴重內訌，因為名單沒有公平標準。有的大學期刊分為A類B類，有些系出現了很怪的現象，只要系主任在某個刊物上

發表過論文，這個刊物就自動成為A類刊物。我不知道內地是不是也有這樣的情況。我們系的期刊名單和評級標準是我主持制定的。我們系構成比較複雜，有做政治哲學的，有做公共行政的，有的老師做的研究接近社會工作、社會福利，還有研究文化遺產的，雖然只有十幾個人，但領域很散。所以，我提出我們彼此尊重對方的學科，你做公共行政，那麼公共行政就單獨評價，公共行政裏的前10%刊物跟區域研究裏的前10%刊物等值。我主持這個工作，不怕別人說我不公平，我既在中國研究的刊物上發文章，也在政治學刊物上發文章。*Comparative Politics*（《比較政治》）、*Comparative Political Studies*（《比較政治研究》）、*Political Behavior*（《政治行為》）在政治學裏排名不高，但是如果拿到美國學術界來評價，仍然比《中國季刊》重要。我負責制定的這個規則對我來講是不利的，所以沒有任何同事提出質疑。總而言之，我們要根據自己的生存環境考慮精力到底放在什麼地方。

刊物的發表傳統

之後事情就簡單了。要用英文發文章就必須接受英文刊物的學術傳統。如果你寫篇文章鼓吹中國模式

如何如何好，在內地也許可以發在《政治學研究》，但在英文刊物裏幾乎沒任何機會。批判的學術傳統有相對沉重的一面，但我們不能說堅持這傳統的學術界有什麼不可告人的目的。學術界對任何國家、任何政治體系都採用批判態度。美國學者研究美國政治也不把美國政治說得天花亂墜。有沒有人說自由民主就是歷史的終結呢？有，但不是學者，我們也不要把那些人當作美國學術界的代表。那些人也許名聲很響，但是他們更多的是公眾人物，是publicist，他們的受眾或者他們心目中的買家只有一個，就是掌權的人，做學問的人根本不是他們心目中的買家。我現在還記得，福山（Francis Fukuyama）先生那個關於歷史終結的書出來以後，我們系的老師都把他當笑話。出版這樣的書就等於放棄了自己的學者身份。所以大家不要覺著他如何如何成功。王岐山書記見了他，這跟我們有什麼關係？馬雲生意做得很成功，他跟我們有什麼關係？既然你選擇了不做生意，那麼馬雲怎麼成功都跟你沒什麼關係。這樣想，心態就比較容易把握了。說句玩笑話，有些朋友說我氣色好。我氣色好只有一個訣竅，就是多睡覺。多睡覺的前提很重要，就是有些事情你放得下當然放下，放不下也得放下，沒什麼事情值得你犧牲睡眠。各位記住，要想氣色好，就得多睡覺。

除了接受實證的批判的學術傳統，我們決定要不要給某個刊物投稿的時候，還要翻一下它最近三五年發表的論文，或者說現任主編上任以來發表的論文。

如何調查期刊發表的傳統？

不用往前翻太多，翻太多沒用。比如說二十年前的《中國季刊》沒有一篇文章有迴歸模型。最好玩的是2001年唐文方老師在《中國季刊》發表的一篇論文用概率迴歸（probit regression）做分析。文章發表的時候，這個模型居然被刪掉了。那篇文章很認真地討論了這個迴歸模型，但是你在文章裏找不到。我後來問唐老師是怎麼回事，他說主編認為讀者會討厭這個東西，就給刪掉了。

選擇期刊的時候還有一個取向問題，就是說有的刊物偏重數據（data heavy），有的刊物是理論導向（theory driven）的。所謂的理論就是抽象的論斷，我們明明在講一個很具體的事情，偏偏用很抽象的概念，就是講理論。喜歡文學的朋友知道，文學語言和日常語言不一樣，日常語言比較樸素，文學語言有些莫名其妙的詞，因為莫名其妙，所以有文采。魯迅先生在一篇文章裏說，文人形容山時，愛說「崚嶒嵯峨」，可是你要是讓文人把這個形象畫出來，他做不到。這幾個字我念都不太會念，更不要說去用了。但是在文學作品裏看到這幾個字，你覺得很有文采。這一點在詩詞裏最明顯，作詩填詞靠才情，不靠學問，靠的是把大家都熟悉的字變成大家不熟悉然而又覺得雅致的字。所謂理論研究，很多時候也不過是像作詩填詞一樣使用換字法。

偏重數據的刊物要求你寫實實在在的東西。我們可以說，十八大以後的反腐導致了官員懶政。這是

比較平實的表達。如果是理論導向，那麼可以說，制
度性緊縮對官員的施政積極性有負面影響。講的是一
回事，但後面這個聽起來好像有點理論。換句話說，
把很實在的名詞置換成抽象名詞，置換的層次越高，
好像越有理論。當然，這種置換是有意義的，前提是
置換時要小心謹慎，置換後要有增值功能，就是幫我
們把問題看得更清晰。我們昨天提到，做學問有個從
個體到殊相到共相的抽象過程。如果我們寫的是十八
大以後的反腐行動導致了官員的懶政，那這是個關於
中國的故事，不關心中國的人對這樣的文章沒興趣。
但如果我們寫的是制度性緊縮對官員施政積極性有影
響，不關心中國的人，只要關心政治，就會對這個問
題有興趣。如果你能把前面那個很具體的論斷提鍊抽
象成一個聽起來有點概念性的論斷，而且你能把因果
關係、因果鏈條、因果機制提鍊抽象到同等水平，那
麼你可以寫兩篇文章，前一篇面向偏重數據的刊物，
後一篇面向理論導向的刊物。

更高效的方法是先寫一篇很具體的文章，然後寫
一篇比較抽象的文章，再寫第三篇很抽象的文章。這
樣做在學術界是完全許可的 (fully legitimate)，沒人說
這樣做是「切香腸」。[2]

2　關於「切香腸」，請參見第102頁，「香腸
　　戰術」一節。

如何進行學術寫作？

寫作即思考

　　年輕學者和研究生很容易把研究和寫作當成兩個環節，覺得要先研究清楚，先想明白，然後再動手寫。我認為這是誤解，因為這假定了不動筆就可以把問題想清楚。這個假定對天才成立，對我們這樣的普通人是不切實際的。我不知道各位的寫作習慣，我是必須先把雜亂無章的想法落實在紙面上，這紙面上的東西既是我思考的對象（what I think about），也是我思考的工具（what I think with）。不動筆，我想不清楚問題，至少是想不深，想不透，或想通了後面，前面的已經忘得差不多了。所以我特別強調動筆寫，一開始寫不好很正常，但一定要堅持寫。我帶的研究生問我應該什麼時候開始寫博士論文，我總是說現在就開始，不管幾年級，不管入學多長時間，現在就開始寫。寫不出來怎麼辦？寫不出來照樣寫，因為只有寫的時候你的頭腦才是主動的。寫作是個很辛苦的過程，但寫作過程就是研究過程。

　　我總是跟學生說我只要求他們每天工作六個小

應該什麼時候開始寫博士論文？

時。他們說六個小時還不容易嗎？然後我就開始界定什麼叫工作。讀書算不算工作？不算。上課算不算工作？不算。講課、想問題都不算。只有動手寫才算工作，其他都不算。為什麼這樣強調寫作，因為寫作才是腦力勞動，才是智力工作。大腦的舒適狀態是胡思亂想，說好聽點兒是浮想聯翩，是意識流。但這是放鬆，不是工作。人需要放鬆，但是永遠放鬆是出不了東西的。只有寫作時才是工作狀態，你想寫什麼？寫的東西是不是有根據？是不是人家早就說過了？這些問題都是只有在寫作時才出現。有時候你覺得自己寫了句廢話。如果是我，也很高興，第一，我寫了一句話，第二，我發現這句話是廢話。寫作過程是研究進展過程。我的論文定稿往往只有二三十頁，但初稿可能有一百五六十頁。整理的時候會發現有的話寫過好多遍。發生這樣的情況，不要覺得是浪費時間，感到很沮喪，覺得自己記性很差，寫完以後就忘了，而是應該意識到終於找到要點了。這句話一定非常重要，不然不會反覆想到它。我在美國讀書時的一個老師 Anthony Mughan 說，一本書就是一篇文章，一篇文章就是一句話。你這句話可能就是這位教授說的那個可以支撐一篇文章甚至一本書的那句話。順便說一句，在學術界出書比較容易，因為書的市場跟期刊的市場相反。雖然頂尖的出版社也很挑剔，但總的來說書的市場是個賣方市場，就是說，是作者的市場；期刊是個買方市場，是主編的市場。當然，很優秀的書是另

寫作中同一句話寫過好幾遍意味著什麼？

外一回事，但總的來說，很多書基本上就是講一個東西，而這個東西往往可以用一篇文章講清楚。

如何經營自己的發表記錄？

還有一點是歐博文老師常講的，也是我希望有才華的年輕學者聽到的。學者發表東西有個發表記錄（track record）。史天健老師有次跟我說，他在某個刊物上發了一篇文章，但他只敢發這一篇，以後不敢再在這樣的刊物上發文章了，因為那會成為他記錄上的一個弱點。有些學者在相互評價時不提人家發表的最好的文章，只注意人家發表的最弱的文章。有的時候，你功夫做到八成，有的刊物就給你發表了。但這樣的刊物還是躲著點好，投稿時先從那些要求最高的刊物開始。你的文章寫到八成就發表了，也許不會成為你的一個負資產，但是不會對你的學術地位有實質貢獻。一篇文章沒做到最好的程度，說明你停留在自己的舒適區，沒突破自己的極限。文章容易發表是個誘惑。有些學者沒成名時出些精品，成名以後就開始出垃圾，主要就是因為誘惑太多。你一旦成名，有些刊物就會降低標準。內地有些刊物還約稿，英文的刊物一般不會約稿。如果有約稿，那是多大的誘惑！要是哪一天《中國季刊》跟我約稿，那我肯定覺得自己登頂了，恐怕要飄飄欲仙了。這是誘惑，誘惑的下一步是什麼？是墮落。所以，前些年我在中山大學說，一年發一篇好文章應該獎勵三千，一年發五篇次文章應該罰款一萬。如果有這樣的規定，灌水文章就少了，我們的學術環境就比較健康了。當然，這是我亂講。

結構意識和讀者意識

不說這些大而無當的話了，我們來談些具體內容。用中文寫作和用英文寫作是很不一樣的。我們用中文寫作可以很輕靈、很玄妙，用英文就寫不了那麼輕靈的東西了。學術文章就像德國人做事那樣，一板一眼的，一個環節套一個環節，一步接一步。我們用英文寫作，找什麼樣的東西來做樣板呢？不妨去找已經發表的比較優秀的論文。比如周雪光老師，他文章的組織非常精密。如果對社會運動有興趣，可以看看斯坦福大學（Stanford University）Doug McAdam 教授的文章。他的文章可以讓你體會到每個段落第一句怎麼寫，結尾怎麼寫。他的段落銜接非常好，每個自然段的頭一句是兩個部分，第一個部分呼應前面的自然段，第二個部分開啟這個自然段。結尾的一句也是兩個部分，前半截把這段話總結出來，後半截把後一段拎出來。這是非常難做到的。如果做政治經濟學，可以看看黃亞生老師的文章。我有個師弟說，黃老師絕頂聰明，看他前一段的結尾可能會產生一個疑問，可能覺得不大對頭，有個詰難，但是你放心，黃老師下一個自然段立刻來回答你的疑問。這是何等高明！黃老師寫文章時是完全掌控局面的。

我們拿圍棋作例子。學圍棋最難學會的功夫不是佈局，不是死活，不是中盤，也不是收官，而是要明白棋是兩個人下。這是聶衛平的老師過惕生先生告訴他

英文寫作找誰的文章來做樣版？

的。寫作也一樣。寫作不是一個人的活動，是一分為二的過程。我們寫的時候既是作者，也是讀者。寫文章是跟自己對話，是自己拷問自己。如果我們只扮演作者這個角色，那就永遠寫不好。當然，既是作者又是讀者這樣的意識不容易建立起來。用歐博文老師的話說，我們寫作時很容易迷戀上自己寫的東西（fall in love with our own writing）。就是說，自己怎麼看都覺得好，總覺得自己寫得巧妙、選詞精當。沒有批判的眼光，這樣寫東西就可能出問題。我們必須把自己變成自己的讀者，而且是吹毛求疵的讀者，才可能看出問題。

具體講講文章結構。我要求博士生的論文有若干個版本。大家公認最難寫的是三分鐘版本。一篇博士論文可能三五百頁，但要用三分鐘把它講清楚。這個三分鐘版本實際上就相當於一篇文章的宏觀結構，也就是摘要那幾句話。我們看完一篇文章的摘要應該就知道它說什麼了，很多情況下看完摘要文章都不需要讀了。這個宏觀的東西是最難寫的，所以我們每天腦筋最清楚的時候千萬不要去寫腳注，要去想每段話的第一句話，就是怎樣從上一個自然段銜接到下一自然段。要把你的黃金時間放在這裏，好鋼用在刀刃上。我寫文章時，到了關鍵階段往往有幾個不眠之夜，我知道不能停下來，停下來就可能前功盡棄。那個關鍵階段在什麼地方？就是這個宏觀結構，就是摘要。寫文章最難的部分就是把文章的骨幹抓出來、把脈絡看清楚。

寫文章最難和最關鍵的部分是什麼？

把文章骨架看清後，還要注意文章的組織必須是線性的，一步步往前走，不能後退，不能拐彎，不能跳躍。我前天提到過，我剛到美國時，歐博文老師總對我的文章不滿意。他說我寫東西時總往後退，不是從A到B到C到D。後來我想了一下，我沒接受過寫作訓練。小時候光聽老師批八股文，覺得文章規規矩矩就是八股。實際上，八股文的起承轉合最符合人的思維習慣。各位如果願意寫計量研究的論文，可以看看一本叫Social Science Quarterly（《社會科學季刊》）的刊物。我不知道現在這個期刊的編輯方針有沒有變化，1990年代這個刊物有個文本模板（template），非常清楚地告訴你先寫什麼，後寫什麼。比如說，要先講研究假設，再界定因變量，再界定自變量，再講變量的測量，然後講迴歸模型，最後是分析和討論。

寫論文類似寫八股文？

　　我剛才已經講到了，大腦的舒適狀態是懶散的。研究論文應該像走路，一步一步往前走。這和我們平常想問題時那種懶散不相容。我相信各位都有這樣的體會，覺得自己寫的東西東一榔頭西一棒槌，懶懶散散，前後兩句話完全不相關。這個時候千萬不要覺得是自己本事不夠，這其實很正常，因為我們的自然狀態就是這樣。哪個人走路姿勢是完美的呢？哪個人一舉手一投足大家就覺得很好看呢？如果是那樣，就不需要舞蹈了。舞蹈演員在台上隨便怎麼動，大家都覺得好看，那是修煉出來的。我們寫文章寫得很懶散，不要感到灰心，因為這是我們的自然狀態。

如何處理寫作散亂和跳躍的問題？

大腦的另一個自然狀態是跳躍。比如說先寫了一句A，再寫了一句D，中間少兩個句子，少兩座橋，應該是先從A過渡到B，再過渡到C，然後再過渡到D的。跳躍比懶散好一些，因為跳躍有確定的方向，懶散漫無目的。從A跳到D，是頭腦高度興奮時很容易出現的狀態。跟趕路一樣，我們不一步步走，連蹦帶跳。有的時候是思維跳躍，有的時候是想到了沒寫清楚。寫作時出現跳躍是再正常不過的現象。我2009年寫過一篇漫談，說只有魯迅先生這樣的大天才可以打腹稿，寫文章一氣呵成。政治學界有沒有人能做到呢？據說有，聽說加州大學伯克利分校有個教授創造過一個奇蹟，他從美國西岸飛到東岸，在飛機上寫了一篇《美國政治科學評論》的文章。這樣的人我們乾脆遠遠地看看、仰視一下就好了，沒必要跟他們攀比。如果我們圍棋水平是業餘五級，偏要去找專業棋手較量，那就是自討沒趣了。我們跟自己水平差不多的人競爭才有意思，嚴格點說，我們跟自己爭才有意思。

總而言之，寫作時出現以上問題都很正常，但是大家要弄清為什麼出現這些問題。文章寫得很散亂是因為我們沒興奮起來，文章出現跳躍是因為興奮過頭了。當然，有的時候，用英語寫作出現的問題跟我們的漢語習慣有關係。如果你喜歡詩詞，如果你想問題時不自覺地採用了詩詞的思維方式，那麼你寫出來的東西一定是跳躍的。詩詞沒有跳躍就不成其為詩詞

了。詩詞的那些韻味，那些讓你產生新奇感的地方，都是在跳躍。但是，寫學術論文時大家得老老實實地做八股文。如果有興趣，可以去翻翻一本叫《說八股》的書，是啟功、張中行、金克木三位老先生寫的，看看起承轉合是怎麼回事。學者只能做八股文，不要去追求那些新奇的文體。八股文是漢語裏最接近歐洲語言的文體，雖然它往往不明確講如果、那麼、因為、所以，但是相對漢語的其他文體來說，邏輯清楚很多。

錘字煉句：對兩段話的賞析

前面提到過，我在俄亥俄州立大學讀書時，《美國政治科學評論》的編輯部恰好在那裏。當時的主編叫 Samuel Patterson，他很提攜年輕學者。他建議歐博文老師寫文章時要有 underlined sentences（重點句），也就是說，別人讀到這樣句子時會畫線標注。如果你們用心去讀歐博文老師的文章，會發現他每篇文章都有幾個非常出彩的句子，在這一點上，他受益於 Patterson 教授的指點。裴宜理老師的文章也一樣，每篇都有精彩句子，我們讀到了就畫重點號。寫這樣的句子，相當於畫龍點睛，最見功夫。下面我就舉兩個例子讓大家體會一下。先看這一段：

寫論文時，重點句的重要性？

When villagers come to view state promises as a source of entitlement and inclusion, they are acting like citizens before they are citizens. Certain citizenship practices, in other words, are preceding the appearance of citizenship as a secure, universally recognized status. In fact, practice may be creating status, as local struggles begin in enclaves of tolerance, spread when conditions are auspicious, and evolve into inclusion in the broader polity.

這是歐博文老師的一段話，看了以後覺得有讓我們眼睛一亮的東西。第一句話後半句they are acting like citizens before they are citizens（他們尚非公民，然而行動如同公民）。讀太快讀不出味道來。這句話非常巧妙。我簡單介紹一下背景。農民在講選舉權時總是說「還我公民權」，就跟現在一些香港人一樣，總說還我民主權利。其實你從來就沒有過民主權利，怎麼可以說還你民主權利呢？但這是個鬥爭策略。如果說我從來沒有民主權利，我現在要求民主權利，那我就處於弱勢的一方；如果我本來就有民主權利，你給我搶了，我要求你還給我，這就顯得理直氣壯。搞抗爭的人都說「還我公民權」，就是有這個很重要的心理暗示在裏面。如果各位了解文獻，就應該知道這段話裏的 inclusion（包納）跟鄒讜先生的研究有關。鄒讜先生認為中國政治體制的特點是政治權力沒有限制——只有實際的限制，沒有原則的限制。也就是說，政治權力原則上可以介入各個領域，介入深度沒有限制。只因為國家的貫透

力不夠，到了一定程度後就會停止，鄒讜先生把國家能力可以介入但不介入的區域叫做zone of indifference（無關緊要的領域），就是政治權力不在乎，聽之任之。國家有時也把社會力量納入政治過程，這就是「包納」。例如，毛澤東時代的大民主，群眾運動、群眾路線，就是一種包納。

第一句講中國，第二句就開始有遞進了。大家不要覺得這個in other words（換言之）是廢話，in other words後面跟的是更為抽象的語言，就是從個別進到了殊相。Appearance of citizenship（公民權的出現）已經跟前邊不一樣了，已經升高了一層了，而下面的secure, universally recognized status是說公民權穩固了，公民成了被普遍承認的身份或地位。所以，雖然他說的是「換個說法」，但其實每一句都讓人覺得是在講一個新的道理。第三句更進一層，因為他最後講的是inclusion into the broader polity，就是被包納入更廣義的政體。這三句話從個別、到殊相、最後到共相。

我們再來仔細看這第三句話。它實際上是說公民權利是怎樣形成的。在任何地方，公民權都不是自然而然的，都有個在與國家權力鬥爭中成長的過程。權利（rights）和權力（power）永遠有矛盾。我們剛才說到，鄒讜先生認為中國傳統政治權力沒有底線，沒有一個原則上不能進入的區域。也就是說，在傳統中國的政治體系裏是沒有所謂的權利。「權利」的觀念在歐洲也是到了近代才發展起來的，從自然權利、天賦人權開

始，洛克（John Locke）、霍布斯（Thomas Hobbes）、盧梭（Jean-Jacques Rousseau）這些哲學家的學說在歐洲思想史上的革命意義就在於他們開始給政治權力劃定不可逾越的邊界。歐博文老師最後這句話實際上是在總結公民權是怎樣形成的。一開始只是一個做法或實踐（practice），等這個做法或實踐穩固以後，就變成了地位（status）。後面還有一個很有意思的詞叫 local struggles（區域性的鬥爭），就是說，權利不是輕易得到的，掌握權力的人都貪心，如果對權力的限制沒有剛性，權力就膨脹得無邊。這裏就講到，爭取公民權的鬥爭開始是在當權者容忍的有限領域展開，條件合適，逐漸演進為政治包納，最後確定為公民權。

當然，你可以批評歐博文教授在這裏說了一串車軲轆話，講了一串不可證偽的東西，不可證偽當然就沒有科學性了。比如說，在什麼情況下公民權會擴展呢？他說是條件合適的時候。做實證研究的人會覺得這是講車軲轆話，什麼樣的條件叫合適呢，怎樣的情況下算條件合適呢，怎樣去延伸呢？沒關係，他給了你提問題的機會，尤其是最後一句，實際上裏面隱含了一個因果關係。對做計量分析的人來說，這可能就是研究的起點。這裏的因變量就是公民權的延伸，是可以測量的。一個人的權利有多少，一群人的權利有多少，一群人在不同時間的權利有多少，都是可以測量的。還有個自變量，也就是條件，條件的合適程度是可以測量的。這樣就有研究假設了。定性研究和定

量研究是有關係的。如果我們看那些寫得比較好的定性的文章，會發現裏面包含了很多研究假設，困難在於很多東西很難測量，很難操作化。

這是很簡單的一段話，我們細讀可以讀出邏輯層次，讀出研究假設。這段話是不是很聰明？確實很聰明。不過，我可以告訴各位，歐博文老師寫出來的文章很聰明，但是他寫作的過程並不舒服，他的文章是磨出來的。他可以每天坐在電腦前用幾個小時琢磨一個自然段，我就沒那個耐心。他每天早上到辦公室就從文章的第一句開始讀起，一直讀到他昨天結束的地方，這個過程中發現有什麼不妥的地方就修改。所以他自嘲說，他的文章前半截好，後半截差，因為前半截花的時間多，後半截用的時間相對少。我看不出來他的文章前後質量有什麼差別，但我知道他寫文章真是個精雕細琢的過程。精巧的寫作有個巨大的正面效果，就是你看了以後不容易忘掉，你做研究時很容易想起來，很容易引用它。像農民尚非公民而行動如公民這樣的妙語，看了以後就忘不掉。我敢擔保，如果你以後寫文章討論中國的公民權利，討論公民權利的成長點，講它的演進趨勢，那你一定會引用歐博文老師這篇文章。一句話寫好了，讓記憶力普通的人過目不忘，這是精妙的寫作能發揮的正面效果。

下面我們看看裴宜理老師的句子。我挑了兩句：

In an authoritarian polity, where elections do not provide an effective check on the misbehavior of state authorities,

精心琢磨的寫作有什麼好處？

protests can help to serve that function — thereby under-girding rather than undermining the political system.

In China, unlike Eastern Europe or the former Soviet Union, both leaders and ordinary citizens know how to put the genie of mass protest back into the bottle of state socialism.

裴宜理老師的句子會讓你感到像中文的對仗。漢語有種文體叫駢文,是四六句的結構,四個字,六個字,四個字,六個字,這樣讀起來很有節奏感。裴宜理老師的句子讀起來也是這樣的感覺。她的第一句也是你看了以後就忘不了的。她說中國這樣一種威權政治沒有選舉,對國家權威的不良行為沒有有效的約束,在這種情況下,群眾的抗議可以發揮有效的限制(effective check)。破折號後面的thereby undergirding rather than undermining the political system(支撐而非架空政治體制)最好玩,這是個亮點,你討論中國的民眾抗議對政體到底是什麼效果,不管你是贊成還是反對裴宜理老師的觀點,你都要引用她這句話。如果你同意,那你就引用這句話來支持你的觀點;如果你不同意,這句話就是你最好的靶子。哈佛大學的教授不是最好的靶子嗎?你跟哈佛大學的教授辯論,是有贏無輸的。就像你打籃球,如果對手是姚明,你輸了也很光彩,問題是姚明不跟你玩。學術界不一樣,在學術界你是可以選擇對手的。

後面這句也一樣精妙,但走得稍微遠了點,我

是不會這樣寫的，歐博文老師也不會寫這樣的句子，因為這句話太清楚。寫文章確實要清楚，但是一個不加任何限制（qualification）的清楚句子比較容易有弱點。裴老師說，在中國，不像在東歐，也不像在前蘇聯，領導人和普通公民都知道如何把群眾抗議這個魔鬼重新裝回到國家社會主義的瓶子裏。這樣講可能有點問題，因為這句話隱含了一個假定，就是假定中國政體的能力是無限的、資源是無限的，只要它下定決心，就可以終止社會抗議。這個假定可能不成立。當然，從寫作的角度來看，這句話很精彩。大家都知道《一千零一夜》裏那個比喻，把瓶子打開了，魔鬼就跑出來了。這個比喻在原初的意義上是說，魔鬼放出來就收不回去了。我們都記得《水滸傳》第一回馮太守硬要去揭那個井蓋子，結果就跑出來了一百零八顆災星，三十六個天罡星，七十二個地煞星，水泊梁山的一百零八將就出來了。一直到到最後也沒把他們都收回去，有的人遁隱江湖，不能說是收回去了。裴宜理老師這個話，一反比喻的原意，說魔鬼可以收回瓶子裏。我覺得稍微過了一點。當然，稍微過頭的話也有好處，就是其他學者可以拿它當靶子。我就是這「其他學者」之一。如果我們站在一個比較玩世不恭的（cynical）角度來看學術界，會發現「片面的真理」才有賣點，四平八穩的文章往往無人問津。

剛才這兩個例子說明，學術界寫作有兩種不同的風格。歐博文老師是求全求穩的，他往往對斷言

（assertion）進行限制，把它變成陳述（statement），再限制，變成條件陳述（conditional statement），還限制，變成研究假設（research hypothesis），最後甚至變成猜測（guess）或猜想（speculation）。所以，他的文章極少有明顯的漏洞，極少看到那種可以立刻拿來當靶子的說法。裴宜理老師是一種不同的寫作風格。兩種風格都值得我們認真學習。

太聰明的人
學不會英文

我是怎麼學英文的？

活的語言：標本與盆景

我最近比較願意談語言學習，因為我前段時間開始學德語。為了學德語，我就找來了弗洛姆的《愛的藝術》看。這本書大家可能都知道，在年輕人裏面很流行。我是先看德文的譯本，然後根據德文翻譯成中文，再去對照英文原文來看。這個過程中，我也順帶翻了一下現在出版的十來個中文譯本，發現了很多的笑話。這十幾個譯本裏面大概只有一個是基本過關的，其他的譯本你去看基本上都會受到誤導，有些錯誤還非常離奇。我給大家舉個例子：弗洛姆講到男女都會在性功能上出問題，男人出問題就叫 psychic impotence，就是心理陽痿無能的意思。但是這個詞被翻譯成了「心理無知」。出現這樣的問題實際上原因很簡單，就是搞翻譯的這個人沒有建立起語感，英語在他那裏還是一個死的東西，他看英文原文的時候，沒有體會到作者在想什麼、在說什麼，沒有自疑精神。

最近有個笑話更加離奇。有一本剛剛出版的書在

微博上做宣傳。這本書裏面就說有位美國詩人不是去為全美國的人想問題，而是組建了一個黑果黨。我很奇怪這個「黑果黨」是什麼東西，然後去找了原文。原文是「blackberry party」，其實就是組織一幫親朋好友去採黑莓的這樣一個聚會。結果，這位譯者居然直接翻譯為了「黑果黨」。望文生義是翻譯的大忌。像這樣翻譯上的笑話還有很多。我就想起來1981年北京大學的王太慶先生到南開大學講西方哲學史的史料學。他特別提到，看翻譯的東西的時候，如果看不懂譯文，那你就知道是翻譯錯了。所以我後來寫了一篇感想叫做〈看不懂就是譯錯了〉[3]。

各位將來可能會從事翻譯工作。翻譯工作的第一步當然是要學好外語，但學外語的時候要注意，一定要把它學成一個活的語言，也就是說，詞一定要跟活的場景聯繫在一起，這樣學到的語言才是活的。許多翻譯笑話，大多都是因為沒有學會「活的語言」。我有一個比方，我們很多人學英語，光靠背單詞，到最後學到的只是標本，可以用，但沒有生命力。我希望大家最好能培養出一盆盆景來，雖然很小，但它是有生命力的。我們之所以很強調要跟外國人交流，就是因為從他們嘴裏說出來的話是活的語言，從課本裏面看到的文字是死的語言。我們學外語最後要學到一個什麼樣的境地呢？要學到你在專業範圍內需要用的這

什麼樣的語言是「活的語言」？

外語要學到什麼程度？

3　見本書第161頁。

些詞都變成了你自己的積極詞彙，也就是養出了一盆小盆景。我們現在習慣用中文想問題是很正常的。但是等到將來用英語的時間長了以後，尤其是用英語讀書、寫東西的時間長了以後，你會發現有時候用英語想，可能比用中文想更清楚。比如何艷玲老師那個「搖擺執法」，是沒法翻譯成英文的。而如果我們要寫英文論文的話，那就一定要寫得讓英國人能看懂。在這個寫作的過程中，你會培養出來自己的語彙、自己的句子、自己的概念，你會發現這個時候用英語更加親切、更加熟悉。實際上，我們學的時候用的是什麼語言，你就會覺得那個語言更加親切一些。

為什麼要談學英文？

在香港學習的比較優勢在哪兒？

為什麼要來談學英語呢？最主要的原因是英語太重要了。我在課上也提過，從內地來的同學要想一想，來香港讀了幾年政治學，在面向內地的工作市場的時候，你的比較優勢在什麼地方？我覺得有兩個優勢，一個是語言的優勢，一個是計量的優勢。現在計量的優勢也很難保持了，唯一一個還能在香港培養的就是語言優勢，一定要比內地的同學英語好，因為大家英語基礎本來就好，來了香港以後也可以學英語。

132

千萬不要覺得來中文大學就要學中文。中文大學的老師用中文寫的論文在評審的時候是不算研究成果的。這樣做當然是有很多問題的，但這是一個現實。你們想想看，你們現在回到內地去的話，是不是也面臨SSCI的壓力？內地好一點的大學都在搞SSCI。SSCI就是英文發表，所以，大家不要小看英語的重要性。

我學習英語的經歷

在講我自己的經歷之前，我覺得我有必要說明為什麼由我來談這個問題，而不是請個語言天才來談？因為語言天才談的那些東西，你看了也白看。比如網上那篇李克強的翻譯講他怎麼學英語的文章，我不知道你們看了沒有。反正我看了以後就覺得他是個天才，我跟他下一樣的工夫，還是學不到那個程度。所以如果我英語學得特別好的話，我就不跟各位談了。我們既然有緣坐在一個教室裏面，就說明我們的聰明才智是差不多的。我來跟大家談，就是因為大家也可以達到我這個程度。

學英語不僅講究天分，也講究是什麼時候開始學的。你們開始學英語的時間肯定比我早，我是進了大學以後才開始學的，高中的時候沒學過。我們高中

為什麼由我來談如何學英語？

太聰明的人學不會英文　|　133

有一個很好的英語老師，但是學校讓他教畜牧，畜牧是比較好聽的說法，其實就是養豬。我上高中的時候沒有英語課，當年考大學是不考英語的。你們學得比較早，還可以說有點童子功。當然，實際上你們開始學的時候，那個自然接受語言的能力很可能已經沒有了。很不謙虛地說，成年人，或者說過了那個自然階段以後，英語能學到我這個程度就足夠用了。不是說我已經很滿足了，而是說，我可以混過來了，英語可以成為我的一個謀生工具了。

說我是怎麼學的，那講起來就比較長了。我1978年進大學，讀的是哲學系。進大學以後，我就發現大學的哲學跟高中時候學的哲學完全不是一回事。高中的時候，你只要腦筋比較聰明，會按照基本的邏輯想問題，那你的哲學就學得不錯了。進了大學以後才發現不是那回事。我的同學年齡都比我大，很快我就發現學哲學根本不行，跟同學們沒法比。那既然學哲學學不通，學點什麼呢？我就學外語。其實一開始我也不願意學英語，因為跟各位說過了，在入學之前我沒有基礎。入學以後就發現有的同學已經學了兩年英語了，有的同學已經學了四年英語了，還有的學了六年了。我就覺得跟他們沒法比，怎麼趕也趕不上人家。而且可能各位現在沒有辦法想像，那個時候用的教材叫做《工農兵教材》，是南開大學外語系的老師聯合編寫的。老師教的時候就是領著大家念課文，也沒有錄音機、錄音帶、錄音教材，連廣播都沒有，當然也沒有CCTV 9這樣的外語頻道。那個

時候學東西非常非常困難。但是，因為我上大學的時候年齡比較小，也知道自己學哲學肯定學不會，肯定趕不上其他同學，所以學外語就變成了我唯一的一條活路。沒進大學之前，我知道這一輩子只有讀書這一條活路，進了大學以後，我就知道這一輩子只有一條活路，那就是把外語學好。

我是農村長大的，農民最缺乏的其實是安全感，因為農民真的是靠天吃飯的。工薪階層只要工作能保住、公司不倒閉，那就不會擔心沒有飯吃。農民不一樣，有一季收成不好，那第二年就有可能會吃不上飯。我小的時候農村還有一個非常明顯的季節，叫「青黃不接」。青黃不接嚴重的時候會有一兩個月，農村發生饑荒、餓死人就是在這個季節。所以，農民最缺的就是安全感。我是在農村長大的，對安全感的需求非常強。而要在社會上求安全，最牢靠的就是有本事，而且是要有一技之長。這一點你們畢業以後會體驗得更深刻，就是要在一個東西上比你周圍的人都強。也不可能做到比所有人都強，但你要比大多數人強。一旦樹立了這樣一個觀念，你就會專心學一個東西，想把它學好，無論花多少時間、多少精力，都不會覺得投入太多，或者說學得太慢。

你不要覺得現在這麼多人學英語，這就不是你的一技之長了。不是這樣的。車銘洲老師就告訴我：學的人很多，學好的人很少。你們看看你們周圍是不是也是這樣的情況？

那麼多人學英語，還有可能學得比他們強嗎？

兩點小心得

「聽、說、讀、寫」
的學習順序應該是
怎樣的？

　　我們首先要認識到，學外語的順序和學母語的順
序是不同的。我們平時衡量語言能力，尤其衡量外語
能力的時候，一般分四個方面：聽、說、讀、寫。我
們學母語的順序是聽、說、讀、寫；而我們在學外語
的時候，順序其實是不一樣的，應該是讀、聽、說、
寫。如果還是按照聽、說、讀、寫的順序學，是學不
會的。學外語有很多常見的誤會，要按照聽、說、
讀、寫的順序學就是其中之一。

　　第二，無論學什麼東西，都分兩個功夫：一個
是投入時間學，另一個是用心想。如果你又投入時間
學，又用心想，那麼你就會慢慢找出一個適合自己的
方法。可以說，如果哪一天你找到適合自己的方法
了，那麼你就學會了。為什麼會有人學了很長時間的
英語卻還是學不會？要麼就是沒有投入足夠的時間，
要麼就是因為他不琢磨。

怎麼學好英文？

其實這個問題應該這麼問：如果我有第二次機會，我會怎麼學英語？這裏講幾個要點，當然，這些都和我自己的經歷有關係，對各位不一定合適。主要分為心理建設和具體操作兩方面。

心理建設：調高目標、降低期待

各位要設一個比較高的目標，然後不斷把這個目標調高。之前我給大家放過一段錄像。當時我先問各位有沒有聽懂，然後問聽懂了多少，後面還問了一句，有多少同學每一個詞都能聽清楚。你們回去以後有沒有再去聽一聽這段五分鐘的錄像？有沒有做到每一個詞都聽得很清楚？我相信各位大概都能聽懂90%，這已經不錯了，但是要做到每個詞都聽得很清楚，每個詞都非常準確地知道他想表達什麼意思，這中間還差10%。你們知道這10%需要花多少時間嗎？

你想從90%走到100%，花費的時間可能跟你從60%走到90%是一樣多的。最後這10%非常困難，但是一定要有這個目標，就是說，我已經達到了90%，我的下一個目標是要聽懂100%。如果說很容易就滿足了，覺得自己能聽懂90%就不錯了，反正也能聽課了，也能當TA了，也能帶tutorial了，也能跟外國人、外國同學、外國老師交流了，如果說覺得這就夠了，那就是把目標設低了。當然，這不是說一開始就要把目標設得非常高。那樣的話會有問題，你會感到好像自己的能力很差，怎麼都實現不了目標。所以，比較好的做法是一開始把目標設得相對高一點，然後把這個目標不斷地往上調。

如何設定適合自己的目標？

那什麼時候不往上調了呢？達到了極限以後。這個極限的感覺，可能不論男女都在35歲左右。如果你到了35歲的時候已經做了很多努力，但這一關還是邁不過去，那麼你就認了，因為這就是你的極限。我自己就有這樣的體會。我在美國讀博士的時候，經常會跟老師寫電子郵件。有一次他非常高興地說我這幾年收穫挺大的。我說，我沒覺得自己有什麼收穫。他說，今天他的夫人看了我的電子郵件，她不覺得是外國人寫的，因為每個介詞都是對的。大家知道，我們學英語的時候最難掌握的就是介詞，因為介詞的用法往往沒什麼道理，很難講為什麼用這個、不用那個。所以，他說我每個介詞都用對的時候，我覺得我的英語好像挺有進步的。但是，後來開始跟他合寫東西的

時候，立刻就遇到了巨大的問題。一開始的時候，基本上是我在國內做了調研、了解了實際情況，我來跟他講是怎麼回事。雖然我的老師是研究中國政治的，但他經常聽不懂，經常不知道我到底想說什麼。後來我明白是因為我試圖講解一個新東西，但當時我認為只是語言問題。我離開南開大學時，自我感覺英語已經不錯，所以那個時候的挫折感是非常強的。我跟劉澤華先生說，感到最大的困難是英語。他說，你覺得英語難，那別人怎麼辦？不過當時沒有覺得自己已經到了極限。到什麼時候覺得有極限了呢？我畢業以後又跟他合寫過一些文章，我發現無論我怎麼努力去寫，無論我的文字改到什麼程度，拿到他那裏去每次都會改得一團花。後來我忽然體會到一點，這就是我的極限。這個時候要過的關是非母語的人幾乎過不了的。

當然，也沒有那麼絕對。在學術界我認識的朋友裏面，有的人的英語就非常好，我就達不到那個程度。比如說現在在麻省理工教書的黃亞生老師，他的口語跟美國人基本是一樣的。他如果去參加那種電台節目，你不覺得他是外國人。比較早到美國讀政治學的人裏面，好些人大學的時候學的是英語專業，接受了正規的英語教育。我一直在哲學系裏面混，我的英語學習條件當然跟這些英語系出來的人不好比。而且，越早學語言就越有優勢嘛。如果大家讀有關中國政治的文獻，除了做政治經濟學的黃亞生老師，還

有幾位老師的英語也非常好，比如研究腐敗的孫雁老師，研究幹部制度、腐敗問題、農村問題的哥倫比亞大學的呂曉波老師，還有裴敏欣老師、楊大力老師，這幾位基本是學英語出身的。楊老師是例外，他本科學的是那種工程數學，但他到美國以後先讀了一個英語的學位，而且楊老師非常聰明。這幾位的智商其實都比我高。

其實洋人學中文也是一樣的，學得特別地道的也就那麼幾個。特別地道就是說他在講中文的時候，如果你閉起眼睛來，你會覺得這是中國人在說話。黎安友是一個，瑞典的沈邁克（Michael Schoenhals）是一個，能舉出來的還真是不多。尤其是沈邁克，他是北歐人，北歐人的語言天分特別高。因為歷史的原因，北歐是一個小語種特別多的地方，北歐人從小就要學好幾種語言，他們的語言天分就特別好。還有一個語言天分特別高的是猶太人，因為猶太人沒有國家，以色列國就是二戰以後重新建立起來的，中間將近兩千年的時間，以色列人都沒有國家，所以以色列人走到哪裏就要掌握哪裏的文化，語言能力就比較強。另外，沈邁克的太太是中國人，黎安友有一任夫人也是中國人。但不是說所有娶了中國夫人的外國人語言都非常好，這裏面也確實有個天分的問題。

取法乎上，得乎其中。我不太知道各位的英語程度到底如何，我只是給大家一個提醒，目標要高一點。也不是說一開始就要設一個非常高的目標，但是

一定要設一個比較偏高的目標。達到一定程度以後，不要說我的英語就夠用了，夠用不夠用取決於你要做什麼。我一開始學英語的時候也沒有很高的目標，覺得只要能夠翻譯哲學的書就夠了，我不要求能聽懂，也不要求能說，更不要求能寫。當然，這也是有背景的。一方面是因為我從小就胸無大志，一方面也是因為當時確實條件有限。只要能讀懂，能把英文的東西翻譯成中文，我就很滿足了，那個年代能做到這一點就已經可以活命了。後來我的老師給我提出要求，要全面掌握英語，因為等我回來南開讀研究生的時候要負責哲學系的國際交流。如果請外國專家來講課，我都不能聽懂，那怎麼可能翻譯呢？既然是交流，那就不是光聽人家講的，我都不會說，那怎麼可能交流呢？等重新界定目標以後，我就知道這是不夠的。所以，我們的英文目標往往也和我們以後想做什麼有關，這是我們在學英語之前就應該想好的問題。

所以說，如果我可以重新學英語的話，第一點，我要給自己設一個比較高的目標。

第二點，學英語的時候最重要的訣竅就是要對自己有耐心。你們是不是有這樣的體會：每天練兩個小時的聽力，但聽了一個月都沒有長進？這個時候一定要對自己有耐心。這其實是個心理問題。聽力錄音必須反覆聽，聽一遍聽不懂，聽十遍聽不懂，聽一百遍聽不懂，都沒有關係，要練耐心。我大學的時候有一個老師叫李約瑟，不是英國那個李約瑟，他就叫李約

每天都堅持學英語，但許久沒有長進，該怎麼辦？

瑟，羅素的《西方哲學史》第一卷的後半部分就是他翻譯的。他說，學英語要保持赤子之心。赤子就是小孩。小孩子學東西的時候不會因為學不會而很有挫折感。我現在在學德語。我就覺得我的耐心非常好。我聽德文的時候，一個課文可能聽了一百遍，然後聽到第一百零一遍的時候，突然聽懂了一個詞，我就很高興。

另外要注意，聽錄音教材的時候，一定要選一個你喜歡的，不僅課文是你喜歡的，而且讀課文的聲音也要是你喜歡的。我來香港這麼多年還學不會廣東話，最重要的原因就是我沒有聽到哪一個人講的廣東話讓我感到很美，我學廣東話就沒有動力。但聽德語的話，我覺得有的人的德語就講得非常好聽。

特別聰明的人是學不會英語的。因為他學其他東西都特別快，學英語的時候很長時間不見效，就沒有耐心了。你們可能反駁說，錢鍾書聰明絕頂，他為什麼就能學會英語？那是因為錢鍾書小時候上的是教會學校。我們可以大膽斷言，如果錢鍾書二十歲以前沒有接觸過英語的話，他這一輩子可能都學不會英語，因為他會覺得學英語實在太不划算了。他花了一百個小時、兩百個小時的時間，沒有什麼成效，他就會覺得很不值得。

各位讀研究生的同學有那麼多的任務，但一定要有耐心下工夫提高英語。我可以告訴各位，你們這兩三年在香港讀書，條件雖然趕不上美國、英國，但是

我希望你們記著，這個地方最好的資源、最值得利用的資源就是英語資源。你不要覺得現在投入了一百個小時、兩百個小時學英語，如果用來寫論文的話，一篇文章都出來了。這樣算帳是錯的。你十年以後照樣可以寫論文，但是如果十年以後你在語言學習上想達到同樣的效果的話，那可能就要八百個小時了。大家一定要算好這個帳，就是說，既然英語這麼重要，那麼就一定要把它掌握好。

年輕學生花同等時間學英語和寫論文，哪個更合算？

具體操作：背課文、練翻譯

接下來就該講講非常具體的操作層面的東西了。

第一，要下工夫背課文。你們學英語的過程中肯定也背誦過課文。我自己一個比較輝煌的記錄是在1984年的夏天，我背了《新概念英語》第四冊的前四十課。我可以從第一課一直背到第四十課，任何一課我都可以隨時背出來。那應該說也是我記憶力最好的時候了。我讀大學的時候背過《新概念英語》第三冊，也是背了四十課，但沒有做到任何一課都能隨時背出來。現在有很多詞，我能告訴你我是在《新概念英語》第幾冊第幾課學會的。1984年的時候，我在撫順石油學院工作，當時有兩個美國老師在那裏教書。不過很不巧，他們在的時候，我剛好到武漢進修，只趕上了

一個尾巴。但是，他們留下來了一套錄音，就是他們讀的《新概念英語》第四冊。《新概念英語》自帶的錄音帶是英國人讀的，而且語速非常快。1984年的時候，大家已經很清楚了，學英語就意味著學美國的英語。所以，那兩位美國老師留下來的錄音對我來講就像寶一樣，反正放暑假的時候也不上課，我就反覆聽，聽不懂也反覆聽。要聽到什麼程度？聽到晚上睡覺的時候腦子裏面就跟放錄音一樣，就是你不想聽都不行，它就在那裏。我有一個放錄音帶的卡式錄音機，上面有停止鍵、放音鍵、往前繞、往後繞，還有一個暫停鍵。用到後來，往前繞、往後繞那兩個鍵都壞了，我就用膠再黏上去。用錄音機用到這樣地步的其實也不多。反正就是反覆聽，聽不懂，反覆聽。很多詞也不知道，就根據發音查字典，實在聽不懂了再看課文。這樣的話，差不多一天花上四五個小時的時間，可以背下一課。我如果再重新學的話，還會走這條路，就是背課文。

除了背課文，我還會做的是英譯漢。這是一個非常全面的訓練過程。通過翻譯，可以培養一個學者非常非常多的品質。第一個當然還是耐心。沒有耐心是做不了學術研究的。不管自己在一個問題上卡住了多長時間，都不能著急。如果你很容易對自己失去耐心，或者對研究的東西失去耐心，那你千萬不要當學者。當學者的話，永遠都會在什麼地方卡住。就像我們上次看的錄像裏面 Professor Burger 講的，他做六個月

訓練翻譯有什麼好處？

的數學研究，如果有一丁點兒進步，那他會高興得不得了。這六個月裏面他一點進步都沒有，如果沒有耐心是不行的。翻譯為什麼最能練耐心呢？因為翻譯的時候，你要去做平時不會做的事情。我們平時看到一個詞，如果認識的話就肯定不會去查字典了。但翻譯的時候必須查字典，不查字典就會出錯。很多時候你雖然明白這個詞是什麼意思，但還是翻譯不好，這個時候就要去查字典，看看字典裏面這個詞到底是怎麼解釋的、在什麼場景下面會用這個詞、例句裏面是怎麼用的。

我給大家舉一個例子。英國有一個很有趣的情景喜劇，叫 *Keeping Up Appearances*，不知道你們有沒有看過，中大的聯合圖書館就有。有一回是這樣的，有一對夫妻，太太非常愛慕虛榮，一定要買一個很貴的住宅區的房子，最後買的是個非常小的閣樓。這對夫妻都比較胖，但廚房特別小，兩個人就擠在了廚房中間，站不起身來。太太說：「我們這個年齡的人不太合適這麼親密了」，後邊講了一句話，"Can you move your person from me please?" Person 這個詞我們都認識，但是在這個情境下應該怎麼翻譯？那就要去查字典了。查了字典就會知道，這個 person 其實是 body 的意思，跟我們平常講的 person 不是一回事。翻譯的時候經常會遇到這樣的情況，一定要去查字典。

除了培養耐心，翻譯還有助於培養自我懷疑。自疑也是學者必不可少的本事之一。如果搞翻譯的人沒

有自我懷疑的話，那一定會出很多錯，而且出的都是一些莫名其妙的錯。我昨天剛好糾正了一個我自己的錯誤。有一本心理學期刊，叫 *Pastoral Psychology Journal*。Pastoral 這個詞一般是田園、鄉村的意思，貝多芬《田園》交響曲的「田園」就是這個詞。但如果翻譯為「田園心理學」，感覺就說不太通了。我查了字典才知道原來不是那麼回事，這個詞也可以翻譯為牧師。牧師就是講道的，講道就是為了完成人的靈命。如果去過教堂就知道，人有屬世的生活、有屬靈的生活，屬靈的生活就是信仰的生活，就是跟上帝、跟你崇拜的對象溝通的生活。所以說，牧師的工作應該是培養心靈的、靈命的。那我就覺得把 pastoral psychology 翻譯為「育靈心理學」比較好，你看了不會有誤會。雖然從來沒有見過這樣的中文譯法，但說不定就是很合適的。

翻譯的時候，跟我們做研究的時候是一樣的，最大的問題就是該懷疑自己的時候沒有懷疑自己。我給大家舉一個例子。有一本書講到美國內戰對美國歷史產生了很大的影響，其中一個原因就是美國內戰是戰爭史上第一次有攝影記者到了現場，後方那些沒有上戰場的人通過這些照片認識到了戰爭的殘酷。原文用的詞是 paradoxically lifelike，中文翻譯為了「極其逼真」。這個譯本總的來說還是很不錯的，你讀譯文的時候，也不會覺得這裏有問題，但是這個地方確實翻譯不到位。這個 paradoxically lifelike 從英文的角度看可以

説是神來之筆。既然照片上的都是戰死的士兵，怎麼可能是 lifelike 呢？這就是典型的 paradox。這樣巧妙的英語只能是母語是英語的人寫出來的，非母語的人永遠達不到這個程度。翻譯成「極其逼真」就把原來很有韻味的東西變得索然無味了，就好比原來是一瓶人頭馬，翻譯成了一杯白開水。原來是一瓶人頭馬，把它變成一瓶五糧液才對頭。翻譯的時候要有最起碼的責任心，人家作者寫出了這麼精妙的東西，不能翻譯得沒有韻味了。這裏其實比較好的翻譯就是「活靈活現的」。paradoxically 不是 ironically，也不是 absurd，這裏就是「活靈活現地再現了死亡」，這樣 paradox 就譯在裏面了，因為「活」和「死」是對照的。所以，如果不做翻譯的話，你對英語的體會永遠不會那麼深刻，你體會不到英語的妙處。

結語

學英語這件事，在實際操作層面上，背課文和搞翻譯的功夫一定要下足。這兩個都是聽起來容易做起來難，不信你試試看。《新概念英語》的教材到處都能買，每一課也不長。背一兩課你們肯定可以做到，把前面多少課背下來，你們也可以做到，但是你們可能

背了後面的就忘了前面的。我可以把四十課都裝在腦子裏。我敢擔保，各位能都做到這一點，但是要下很多工夫。為什麼後面的課文我不背了呢？因為那個時候新的國外專家來了，我要花時間去找她們練口語。我從1978年開始學英語，第一次開口説英語是1984年8月份，中間隔了五六年，從來不敢開口講，也沒有人講。你們的條件比我好，學得比我早，又都年輕，所以，一定可以比我學得更好。

我希望用弗洛姆的一段話做最後總結。弗洛姆在《愛的藝術》裏面就説，愛也是一門藝術。這裏的「藝術」不是我們平時講的那個「藝術」，有點類似中國講的「六藝」的「藝」，醫學、美術、英語這些都叫做藝術。學藝術需要幾個條件呢？第一是自律，第二是專注，第三是耐心，第四是重視。我把順序顛倒一下，我覺得第一是重視，就是知道學英語對你來説非常重要。第二個是耐心，剛才都講過了。第三個是專注，第四是自律。大家注意看這段話，是我翻譯的：

學英語需要什麼條件？

> 專注是掌握任何藝術的先決條件，這個道理幾乎不證自明。任何人，只要嘗試過掌握一門藝術，都知道這一點。儘管如此，在我們的文化中，專注比自律更罕見。我們的文化導致的是散漫零亂的生活方式，在其他地方幾乎找不到同類。人們同時做著很多事，又讀又聽，又説又抽，又吃又喝。我們是消費者，永遠大張著嘴，貪婪地吞吃一切，管它是圖畫，飲料，還是知識。缺乏專注還有一個清楚的表

現，那就是我們很難做到獨處。安靜坐好，不説不抽，不讀不喝，多數人根本做不到。他們會緊張不安，非得做點什麼，要麼用嘴，要麼用手。抽煙就是缺乏專注力的症狀，抽煙的時候，手嘴眼鼻一齊忙活。

弗洛姆説得很有意思。他説，在現代社會裏面，專注是一個難得的東西。你們有沒有這樣的習慣，寫論文、讀書的時候要聽點音樂、上點網，還時刻掛念著微信上在説什麼？這就是因為沒有專注。最後一個才是自律。

還有一點，就是要去探索最適合自己的學習方式。我説的這些都只是適合我的，很多東西你們沒有經歷過，是很難言傳的。比如説翻譯，翻譯一定要翻譯自己還感到困難的東西。等到你覺得翻譯這個東西沒什麼挑戰性的時候，那就要換一個更有挑戰的東西。我在大學的時候就翻譯了一本二十五萬字的書。畢業之前沒有事幹，於是又翻譯了十幾萬字的東西。所以，我本科畢業的時候已經完成了四十幾萬字的譯文，那時候覺得哲學的東西翻譯起來沒有什麼困難了。工作以後，我的一位學長要組織翻譯蘇格蘭哲學家休謨（David Hume）的書信集。翻譯休謨的東西的時候，我才知道我的英語還差很遠。我現在都記得特別清楚，休謨的一句話有八行那麼長。我在辦公室裏面反覆琢磨，一個字一個字地查，總共花了五六個小時

才翻譯出來。應該説在我的記憶裏面，拆完那個句子以後，就再也沒有遇到讓我猜不透的句子了。

再舉一個例子。這是我現在正在用的一個文本，標題是《我的德英詞典》，一共有2400頁。這只是第二部分，第一部分有1700頁，加在一起就4100頁了。我現在看到不會的德文單詞就用網上的字典查，然後複製黏貼過來，變成我自己的詞典。這樣，我再遇到一個新的生詞的時候，我會在這個詞典裏面找一遍，看看我有沒有遇到過它。如果字典裏面有，我就知道，這是第二次查了，我也會回想一下第一次看到這個詞的時候是在什麼地方。絕大多數情況下其實是想不起來的，但偶爾也會想起來那個語境。我之前就講過，

不要背單詞，這是最笨的辦法，記住了也沒有用，因為每個單詞都有很多含義。而且，德文有個最怪的地方，也是德國人最自豪的地方，就是德語裏面有很多詞可以表示相反的意思。比如黑格爾最自豪的那個詞：aufheben。這個詞可以是放棄的意思，也可以是發展、培養的意思，關鍵就在具體的語境。為什麼要背課文？因為你腦子裏面裝的語境越多，你的語言能力就越強。下這些工夫來編字典就是為了讓自己學習的時候主動。如果是被動的記，是要花很多時間的，那真的是熟能生巧了，就是説，要到了爛熟的地步才能夠被動記住。而主動學習，就是要挑戰自己。我看到了一個新詞，就去這個文件裏面找找看有沒有遇到過

為什麼不要背單詞？

類似的詞。如果找到了，就加深了對這個詞的印象。
記住的越多，成就感就越強。當然，這是我的辦法，
你們各位不一定覺得這是個好辦法。

用英文寫學術論文

　　問我如何學會用英語寫學術論文，近乎問道於盲。不說「等於」，因為我算是會寫的；「近乎」，因為我寫得很辛苦。幾週前我給車銘洲老師寫過一封信，裏面有這麼兩句：「用英語寫政治學的論文，我能做得不錯，但是從來沒有達到自由境界。最大的問題是只能覺得什麼較好，但感覺不到什麼是最好，因而也不會覺得自己做得最好。」我知道好多同學都面臨或即將面臨用英語寫學術論文的挑戰。有位同學在寫作上遇到點挫折，問我有沒有建議。如果是幾年前，我大概三言兩語就應付了。現在心態開始接近老年人，有點嘮叨，也許潛意識裏還有留言的驅動，自知想法不大可能再改進。所以這個答覆有點長。分兩部分，第一部分談寫作的技術問題，第二部分談寫作的視角問題。

技術問題：提高寫作的要點

先談三個具體的技術問題。第一，我的真實英語寫作水平。第二，大學畢業後留學美國的華人政治學者的英語寫作水平。第三，提高英語寫作水平值得注意的事項。

第一個問題很容易回答：我的真實英語寫作水平低於我獨自發表的論文顯示的水平。我獨自發表的文章，有一篇投稿前請費正清中心的 Nancy Hearst 修改過，是付費的。我後來給她介紹的客戶都跟我一樣十分敬佩她的專業水平和職業操守。其他文章，只要是鳴謝裏說明特別感謝歐博文老師的，都承蒙他逐行認真讀過，指點過。我不付費，以其他方式回報，比如也同樣認真地讀他的文稿。另外，學術刊物都有專職文字編輯（copy-editor），我文章的文字部分有他們的貢獻。比如，*Modern China* 的 Richard Gunde 水平很高，非常認真。由於上述因素，如果根據我獨自發表的論文判斷我的英語寫作水平，一定會高估。高估別人就是低估自己，低估自己會削弱自信。這一段是我必須說的實話，沒有絲毫謙虛成分。

第二個問題，大學畢業後留學美國的華人政治學學者的英語寫作水平。討論這個問題，不可避免地涉及一些學者不一定願意讓別人知道的情況，這段話如果公開，我可能會得罪一些敏感的人。根據我的觀察，大學畢業後留學美國的華人政治學者剛出去時英

留學美國的華人政治學學者的真實英語寫作水平如何？

太聰明的人學不會英文 | 153

語底子差別很大，定型後寫作水平大體上可以分為三個境界。第一，真正過關。以英語為母語的學者看不出他們的文章出自非母語作者之手，文章發表時不需要編輯把語法句法關。這是少數。這些學者絕頂聰明，要麼本科英語專業，要麼在美國留學時間長而且專門修過寫作課。第二，基本過關。以英語為母語的學者很容易看出他們的文章出自非母語作者之手，文章發表前需要出版社或刊物編輯把文字關。投稿時如果不請人修飾文字會讓挑剔文字的評審感到不愉快，但因為能把話說清楚，不需要審稿人猜，文字水平一般不影響評審結果。這是次少數，我算其中一個。第三，可以通關。以英語為第二語言的學者也能輕易看出文章作者的母語不是英語，投稿前必須請人修飾文字，甚至因為負責修飾文字的人看不懂初稿而必須反覆修改，否則比較有地位的評審會拒絕評審。這些學者如果不肯花錢，徑直把文稿投出，他們的寫作水平會影響評審結果。這是多數。

第三，提高英語寫作水平值得注意的事項。首先，要區分寫作問題與思維問題。用英語寫論文，經常混淆這兩個問題。寫不下去，就認為是因為自己英語不好；寫得不清楚，也認為是因為自己英語不好。英語不好變成了擋箭牌，替思維不清受過。很多時候，問題不是英語不好，而是思路不清，不知道自己想說什麼。要判斷是否如此，最簡單的測試是用中文寫，如果用中文也寫不明白，就是思維問題。

其次，如果對某個詞某個用法沒把握，可以用google scholar檢索，需要注意，檢索結果魚龍混雜，要能鑒別，首先要看作者是不是美國人英國人。其次還要看學科。自然科學的刊物發表的東西往往不講究語法句法。照貓畫虎學寫作也是個辦法。列寧認為兩種語言對譯是學外語的好辦法。我耐心不夠，沒試過漢譯英，無法判斷實效。我認識的一位學者說她專門模仿導師。專門模仿自己喜歡的人，是正確的選擇。選擇模仿對象並不容易，不能完全憑自己的趣味愛好，首先得看模仿對象在學術界是否受人尊重。法乎其上，得乎其中。

如何利用Google查可靠的英文用法？

最後，語言是一字一句學的。每字每句都有三個階段：第一階段陌生；第二階段見面認識，不見面想不起來，屬消極詞彙；第三階段是變成積極詞彙，需要用的時候會自然想起。學外語，最後達到的是三個不同的境界，標誌就是積極詞彙的質量和數量。多數人是收集一堆標本，比如背了多少單詞，記住多少句型，標本有用，但都是死的。少數人能培育一個盆景，盆景是活的，但有嚴格局限。我們做政治學研究，能培育個英語盆景就不錯了。更少數人培植一個花園。達到花園水平，在各種跟學術相關的場合都能說能寫，在學術界可以算是成功人士。只有極少數天才能成就一片接近原生態的樹林。對我這個說法，年輕人很可能不服氣。我的意思很簡單：設立現實的目標，才能建立自信。英語是工作語言，我們寫作時只

學語言的不同境界——「標本」、「盆景」、「花園」、「樹林」分別代表什麼？

需要注重語言的表達功能，不需要講究辭藻，當然更不需要追求文采風格。如果勉強說追求，就是追求 simple English, good English。

視角問題：功夫在詩外

前面說的是寫作的技術問題，不易解決。還有個更不易解決的問題，是視角問題，就是我們常說的「功夫在詩外」。為什麼講這個問題呢？說個簡單的事實大家就清楚了。我們找一篇發在內地權威刊物的文章，找個精通英語的教授翻譯成英語，投到國外的學術刊物，被錄用的可能性是很小的。這並不意味著這篇文章學術價值不高。英語寫作的難點，表面看起來是單純的英語水平問題，實際上還有些深層的東西。這深層的差異就是「詩外」的功夫，大體上分為兩個：一是樹立批判的學科意識；二是樹立學科積累意識。

第一，樹立批判的學科意識。這聽起來很堂皇，其實就是問題意識。英語世界裏講社會科學，相當於我們講醫學。醫學家看人體，不強調人如何健康，重視的是人的缺陷、疾病。西方社會科學家看社會，看政治制度，看政府，跟醫生看人相似，是用批判的眼光。內地很多學者習慣講成就，講成功模式，用這樣

的正面甚至讚美視角寫文章，在英文世界的發表機會比較小。這並不意味著英語學術刊物的編委評審們對中國有偏見，只願意聽關於中國的壞消息，而是因為批判的學科傳統。美國學者研究美國，關注的也是問題和不足。打個比方，有半瓶水，內地的學者往往集中講為什麼我們已經有了半瓶水，偽學者甚至會吹噓這半瓶水足夠全人類永世飲用。用英文寫學術文章，一定要顛倒過來，集中討論為什麼還有半瓶是空的。這就是批判意識或問題意識。永遠都是找問題，永遠分析這個事情是不是可以做得更好？如果願意更有建設性，可以討論如何做得更好。如果不習慣這樣一種學術傳統，就會覺得用英文寫的關於中國的文章都是在批評中國，專門挑毛病，甚至吹毛求疵。問題意識的另一個側面就是市場意識。我們研究任何一個學科，都有很多題目可以選，但是這些題目在市場上的重要性並不一樣。比如研究中國政治，重要的問題在市場有比較高的價值，也有比較廣的銷路。哪些問題重要呢？我的看法是，重要的就是敏感的，敏感的就是重要的。

第二，樹立學科積累意識。積累就是貢獻了新的事實，新的觀點。真正的難關就是證明自己的研究發現是新的。要做到這一點，得建立聽眾意識或者讀者意識，我們說話有目標聽眾，寫文章有目標讀者。用英文寫關於中國研究的文章，一定要有一個很硬的

如何根據不同刊物讀者的特點塑造自己研究的創新點？

新東西在那邊，用時興的俗話說就是「乾貨」。這對我們研究中國的應該不難，因為中國時時刻刻都有新東西，變化非常快。難點是證明這個經驗內核不僅對作者來說新，對於從事中國研究的學者都新，這些學者是我們的目標讀者。在新的基礎上，還要有意思，重要，完整。我們對很多東西一知半解，知道一部分，甚至知道大部分，但是我們很難把一個故事真正講全。由於這個原因，越是高檔次的中國研究刊物，比如 *China Quarterly*，在經驗研究與理論創新的比例上越顯得頭輕腳重。根據中國的經驗給政治學刊物寫文章，也要求新，不過是要求新觀點，這裏的目標讀者是從事政治學研究但未必對中國有興趣的學者。根據我自己的經驗，給政治學刊物寫文章，關鍵是挖掘現存研究文獻的隱含前提，把中國的經驗事實鍛造成一根細細的棍子，類似高跟鞋的鞋跟，借助嚴密的邏輯推理和統計分析，構造一個頭重腳輕的論證，挑戰那個隱含前提的普適性。腳輕沒關係，但必須硬。有的文章，腳不僅輕，而且脆弱飄忽，有點像後現代藝術，不欣賞的人會說是精緻的垃圾。

實戰與復盤

我的圍棋水平很低，大約業餘15級，但因為讀研究生時正趕上圍棋熱，知道不少圍棋故事，喜歡用圍棋打比方。提高寫作能力很像提高圍棋棋力，做死活題、打棋譜有幫助，但最有效的是實戰。實戰不是亂戰，得跟水平高於自己的對手下，最好還有老師復盤指點。我比較幸運，跟歐博文老師合寫文章，學到不少功夫。不過，這不完全是運氣，與以英語為母語的學者合作，必須有比較優勢。天下沒有免費午餐，我們也不能佔人家便宜。獨自努力，也能寫好，無非就是多寫，多改。寫的時候徹底放開，不考慮什麼語法句法。修改時要有足夠的自疑精神。自疑建立在語感基礎上，自疑越強，看名家的文章時越敏感。自疑加上耐心，不厭其煩地修改，寫作水平就會逐漸提高。

另外，投稿過程也是很好的學習過程。評審提意見，就相當於高手給我們復盤指導。評審是盡義務，加上有匿名保護，多數評審人像棋聖聶衛平，絲毫不留情面，有時甚至尖酸刻薄，彷彿評審水平不高的稿件浪費了他們時間，有損他們的尊嚴。所以，看評審意見，光放下虛榮心還不夠，還得放下學者的自尊，重拾學徒心態。我最重要的學術導師之一是匿名嚴厲批評過我幾篇文章的著名學者，這是我猜出來的，不能求證，但我永遠感謝她。重複一句幾年前說過的

話，自認為聰明的人學不會英語。再延伸一步，要用英語寫好學術論文，提高英語水平固然重要，更重要的是有同行認可的真知灼見，此外還得有足夠強大的心理或足夠厚的臉皮。

看不懂就是譯錯了 [4]

　　王太慶先生1981年到南開大學哲學系講西方哲學史史料學，談到外國哲學著作的漢譯本看不懂，説：「看不懂，就是譯錯了」。先生説得平平淡淡，但我記得格外清楚，原因有兩個。第一，我當時大三，讀不懂譯本，總是怪自己水平低，既不敢懷疑作者，也不敢懷疑譯者。第二，先生舉了幾個西方哲學史界「謬種流傳」的翻譯例子，「始作俑者」居然都是他自己。

　　王先生仙逝15年了。他三十多年前説的話，對我們閱讀哲學社會科學譯本仍是最有智慧的提醒。當然，看，不是隨便翻翻。一目十行，體會不到「不懂」。「不懂」也有幾個層次。最淺的不懂是覺得奇怪，比如發現書中有個人叫邁斯特·艾克哈特，碰巧讀過哲學史，記得歐洲中世紀有個艾克哈特大師 (Meister Eckhart)，是不是就是這位？如果碰巧還學過德語，就知道譯者錯了，「邁斯特」(Meister) 者，大師也。譯

4　本文節選發表在《中國青年報》2015年2月17日第7版，也可見：http://zqb.cyol.com/html/2015-02/17/nw.D110000 zgqnb_20150217_3-07.htm

者如此處理人名，相當於這樣介紹孔丘先生：姓孔，名夫子。深層的不懂就不這麼輕鬆了，遇到了關鍵段落，橫豎看不懂，反覆看還是不懂，可是因為要交作業，要寫論文，不懂不行。最深層的不懂最悲哀：讀者覺得懂了，可是譯者沒有真懂。「難道我們德國人從自己歷史中所獲得的教訓還不夠嗎？」懂不懂？當然懂，反問句嘛。可是，「從自己歷史中所獲得的教訓」是什麼意思？客觀的歷史教訓？還是從歷史汲取的教訓？原文是個嚴肅的疑問：「我們德國人從自己的歷史中汲取到足夠教訓了嗎？」作者認為德國人反省得不夠，譯者大概很欣賞德國人二戰後的反省，無意中把自己的想法讀進了原文。

凡是認真做過翻譯的，都深知譯事艱難，無論多麼小心翼翼，都難免出錯。楊絳先生是大翻譯家，對誤譯有很生動的比喻：「平心說，把西方文字譯成中文，至少也是一項極繁瑣的工作。譯者儘管認真仔細，也不免掛一漏萬，譯文裏的謬誤，好比貓狗身上的跳蚤，很難捉拿淨盡。」魯迅先生用十個字總結他的翻譯經驗：「字典不離手，冷汗不離身。」但是，老虎也有打盹兒的時候。先生譯尼采的《察拉圖斯忒拉的序言》（*Also Sprach Zarathustra*，另譯為《查拉圖斯特拉如是說》），就因為看錯一個字母，把「絆住一條腿」誤譯為「偷去一條腿」。針對文藝界重創作輕翻譯，先生說翻譯並不比隨隨便便的創作容易，是公平之論，更是經驗之談。

關於誤譯難免，錢鍾書先生說得更透徹：

> 翻譯總是以原作的那一國語文為出發點而以譯成的
> 這一國語文為到達點。從最初出發以致終竟到達，
> 這是很艱辛的歷程。一路上顛頓風塵，遭遇風險，
> 不免有所遺失或受些損傷。因此，譯文總有失真和
> 走樣的地方，在意義或口吻上違背或不很貼合原文。

針對學術界重研究輕翻譯，錢先生特別指出，翻
譯並不比冠冕堂皇的研究容易：

> 我們研究一部文學作品，事實上往往不能夠而且不
> 需要一字一句都透徹了解的。對有些字、詞、句
> 以至無關緊要的章節，我們都可以「不求甚解」，
> 一樣寫出頭頭是道的論文，因而掛起某某研究專家
> 的牌子，完全不必聲明對某字、某句、某典故、某
> 成語、某節等缺乏了解，以表示自己嚴肅誠實的學
> 風。翻譯可就不同，只彷彿教基本課老師的講書，
> 而不像大教授們的講學。原作裏沒有一個字可以
> 溜過滑過，沒有一處困難可以支吾扯淡。一部作品
> 讀起來很順利容易，譯起來馬上出現料想不到的疑
> 難，而這種疑難並非翻翻字典，問問人就能解決。

由此可見，與創作和研究相比，翻譯有天然劣
勢。創作可以盡情虛構，研究可以自由發揮，都有犯
錯的權利。出了錯，還可以抵賴，可以狡辯，還可能
歪打正著，敗筆成為妙句，誤解變成新解。翻譯則沒
有犯錯的權利。出了錯，鐵板釘釘，不容爭辯。創作
與研究，成好名難，成惡名也難；翻譯，成好名難，
成惡名容易。比如，提起趙景深先生的劇作，知道的

人可能不多了，但提起他把銀河（Milky Way）譯成「牛奶路」的疏忽，聽說過的人仍然很多。所以，翻譯其實是高風險工作。

承認誤譯難免，不意味著對誤譯聽之任之，也不是要對所有的誤譯同樣對待。一類誤譯是無心之過，應該原諒，也必須原諒。這類錯誤，多數是因為譯者一時懶惰，或者一時疏忽。原作就像名貴的古瓷器，譯者必須小心侍候，稍微犯懶就會碰出硬傷。懶惰有輕有重，硬傷有小有大。最輕的懶惰是照貓畫虎，對原作不求甚解，看一句翻一句，不讀上下文，不求精當表述，就難免畫虎不成反類犬的尷尬。例如，歐洲民間有句格言，"Do unto others as you would like them to do unto you"，意思與「己欲立而立人，己欲達而達人」相同，但因為是演繹《聖經》的教訓，不是受到孔夫子啟發，一般照字面譯作「你願意別人怎樣對待你，你就應當怎樣對待別人」。這句話，有人譯為「己所不欲，勿施於人」，還有人譯為「以其人之道，還治其人之身」。再例如，資本主義的公平交易原則是 "I give you as much as you give me"（你給我多少，我就給你多少），有人居然譯為「以物換物」。

最嚴重也最常見的懶惰是望文生義，強作解人。這樣的例子就多了，平淡無奇的，把 archery（箭術）譯為「劍術」，把 practicing scales（彈音階）譯為「學音階升降」，把 from one day to another（一夜之間）譯為「日復一日」或者「一天天過去了」；三分離奇的，把 the Zen art of archery（箭術中的禪）譯為「合掌坐禪藝術」或「禪宗射箭術」，把 the emergence of man from ... the bonds of blood and soil（人類擺脫血緣地緣紐帶）譯成「從與低等血液的結合中顯露自身」，把 mass suggestion（群體暗示）譯為「批量建議」；還有不可思議的，把 plane wood（刨平木頭）譯成「種樹」或「放好木樣」，把 psychic impotence（心理陽萎）譯成「心理無知」，把 well fed（營養良好）譯為「長得肥胖」。最離奇的是指望以其昏昏使人昭昭的："Even the teacher was not only, or even primarily, a source of information, but his function was to convey certain human attitudes"（傳授知識不是教師的唯一職責，甚至不是主要職責，他的責任是傳授做人的態度），一經翻譯，變成了「即使是教師，不僅他是，或者說，甚至主要是，一種信息來源的傳授者，而且，他的職責也是給學生傳授某些關於人的看法和知識」。這些誤譯例子都出自弗洛姆《愛的藝術》的幾種中譯本。弗洛姆在中文世界的運氣實在欠佳。

懶惰是頑疾，更難治的是傲慢。很多時候，懶惰是病症，傲慢是病根。翻譯很難，仍有人大翻特翻，往往不是他們知難而進，而是他們目空一切，不知道翻譯的風險，甚至以為翻譯可以兩頭騙，是名利雙收的捷徑。有的人外語學個半通不通，就膽大妄為，什麼學科的書都敢翻譯。因為傲慢，也就不在乎自己的名譽。所以，源於傲慢的誤譯，是明知故犯，最難糾正。讀者指出了錯誤，譯者聽而不聞，視而不見，繼續埋頭濫譯。

王太慶先生有幾篇關於翻譯的遺稿，念念不忘提高西方哲學著作的翻譯質量。不止西方哲學，西方社會科學著作的翻譯質量也需要提高，甚至更需要提高。要達到這個目標，需要兩個條件。首先，譯者要有職業精神。職業精神，首先是敬業。敬業，是因為服務對象是衣食父母，也是因為任何職業都有競爭對手，不敬業端不穩飯碗。譯者敬業，還意味著有良心。譯者要尊敬原作者。初學翻譯，不妨甚至應該拿名家名著練刀，但是否應該把習作發表，彷彿自己已得原作神韻，就值得三思。譯者還要尊敬讀者，特別是掏自己腰包甚至節衣縮食買書的讀者。有的譯者自稱譯書雖不賺錢，但樂在其中。不介意賺不到大錢，可敬。以翻譯為賞心樂事，佩服。但是，萬萬不可以找樂兒的態度譯書，否則就是拿不懂中文的作者找樂兒，也拿只懂中文的讀者找樂兒。創作和研究可以獨樂，譯書不能獨樂。譯者樂還不夠，還要作者樂，讀者樂。否則，譯者樂了，作者哭了，讀者懵了。

　　職業精神，再進一步是專業精神。治學貴有專長，翻譯也貴有專長。認真嚴肅的譯者，都深知隔行如隔山。只有半瓶子醋，才偏偏喜歡誇耀自己譯著跨越若干學科。這些人以越界為榮，其實是自暴其短。不願上當受騙的讀書人，要高度警惕這類不打自招的「騙譯家」。

　　不言而喻，要求譯者有職業精神和專業精神，先

決條件是翻譯要成為一個體面的職業，也就是譯者可以憑翻譯謀生，翻譯大師可以有大師的生活。現在的環境下，靠譯書活不了，至少是活不好。沒有法治的圖書市場，不能保護譯者的權益，也不能保護讀者的權益。沒有公開公平的專業批評，拙劣的翻譯不僅永遠不會杜絕，還可能劣幣驅除良幣。在目前這個情勢下，如果效法傅雷先生，以譯書為生，慢工細活，恐怕得饑寒交迫。

話說回來，拙劣的翻譯也不是全無用處。錢鍾書先生說：

> 一個人能讀原文以後，再來看錯誤的譯本，有時不失為一種消遣，還可以方便地增長自我優越的快感。一位文學史家曾說，譯本愈糟糕愈有趣，我們對照著原本，看翻譯者如何異想天開，把胡猜亂測來填補理解上的空白，無中生有，指鹿為馬，簡直像「超現實主義」詩人的作風。

拙劣的翻譯還有更積極的作用，它能刺激不甘心上當受騙的讀者下功夫學外語。有人靠懂點「小語種」搞投機，也能刺激要強的讀者攻克小語種。立志揭穿翻譯界有意無意的騙子，學外語會變得很好玩，很有成就感。不信你就試試。

【補記】 最近兩個月，為了學德語讀弗洛姆《愛的藝術》的德譯本，對照英文原文，也順便看了能找到的幾個中譯本，發現一些有趣的誤譯，就斷斷續續在老

同學們的論壇上議論兩句。張利民兄覺得哲學社會科學界不負責任的譯「作」不少，敦促我把零星想法整理成文，特別強調「看不懂，就是譯錯了」是王太慶先生的睿智說法，應該讓更多的人知道。我在香港任教18年，終於獲得一個學術休假年，多年勞心謀生，總算有個喘息機會。充電之餘，也願意做點養性怡情又並非完全「無益」的事，就遵命寫了這篇四不像的筆談。拙文引的楊絳先生關於誤譯的議論，出自她的〈記傅雷〉，上下文非常有趣：

> 一九五四年在北京召開翻譯工作會議，傅雷未能到會，只提了一份書面意見，討論翻譯問題。討論翻譯，必須舉出實例，才能說明問題。傅雷信手拈來，舉出許多謬誤的例句；他大概忘了例句都有主人。他顯然也沒料到這份意見書會大量印發給翻譯者參考；他拈出例句，就好比挑出人家的錯來示眾了。這就觸怒了許多人，都大罵傅雷狂傲；有一位老翻譯家竟氣得大哭。……假如傅雷打頭先挑自己的錯作引子，或者挑自己幾個錯作陪，人家也許會心悅誠服。

我在這裏談誤譯不舉自己的例子，並不完全是由於缺乏王太慶先生的胸襟風度，而是因為我翻譯的書原文枯燥無味，誤譯也出不了彩。傅雷先生觸犯眾怒，是無心之過，如果我讓一些人不快，是明知故犯，因此先向可能覺得被冒犯的人鞠躬道歉。我舉的例子，頂多只能代表他們幾年甚至二十多年前

的水平，至少在這一點上，我的批評是不公正的。我前幾天翻譯了德國已故總統魏茨澤克（Richard von Weizsäcker）1985年的演講，兩位熱心的年輕朋友在微信上推出後，我陸續發現了幾處不妥的地方，好在並無大謬。說明這一點，不是爭取坦白從寬，只是再次強調翻譯確實不易，需要慎之又慎。另外，《中國青年報》發表拙文時，作了少量刪節，無意中引進了兩處錯誤，這也是我重發此文的原因。

不發表
就出局

匿名評審

從 101% 到 102%

學術發表都得過同行評審 (peer review) 這一關。大家平時聽到更多的可能是抱怨，說審稿人不公平、太粗暴、太負面。但我可以告訴各位，我們現在收到的審稿意見已經比二十多年前正面多了。二十多年前歐博文老師和我給《中國季刊》投稿時，反饋給我們的評審意見是打印好的，但是審稿人對文章的積極評價都被墨塗掉了，能看到的只有批評意見。那麼，為什麼會有這樣的制度設計呢？

為什麼會有評審制度？

我們要知道，期刊的主編只是某個領域的專家，他的眼界是有局限的，需要靠研究相關問題的其他學者判斷稿件值不值得發表。在競技體育裏，不同的項目有不同的裁判，跳水有跳水的裁判，體操有體操的裁判，體操還分很多，自由體操、單槓、雙槓、吊環、跳馬，都有不同的裁判。主編可能是學跳水的，如果投來的稿子是講自由體操的，他就沒法判斷了，一定要找個研究自由體操的人判斷文章的質量，判斷是不是突破了學術界的極限。

順帶提一句，我前幾年去上海時，有位年輕老師說他給某個刊物投稿，主編回信希望他提名幾位審稿人。他看到郵件以後有點懵，不知道主編是不是真的想讓他提名，他沒提。這是誤會主編了。人家讓你提名就提名好了，這只不過說明他們一時找不到合適的審稿人。我們在寫文章的時候，尤其是在文獻綜述時，可以多下點功夫。有的學者會用一個作法，叫 planting referees，字面意思是種植審稿人，像種樹一樣。其實就是暗示主編誰比較適合審你的文章。這當然需要很高明的技巧。我沒當過主編，但我猜想他們是根據導言和文獻綜述來選擇審稿人。你引用誰最多，誰就最有可能被主編選中當審稿人。另外，各位一定要注意，你的批判矛頭對準誰，誰就最可能當審稿人。如果你明確批評一個人，說這個人研究做得很差，說他什麼地方有什麼問題，那麼主編的第一反應就是要請這個人出來跟你對話。正因如此，我們寫文章時儘量不要說別人做得不好，可以批評，但一定要嚴格把握分寸。還有一個分寸要把握好。跟你的研究興趣比較接近的學者裏，可能有的人研究十分優秀，但也出了名的嚴格，非常不留情面。有的年輕學者可能會投機取巧，為了躲開他，寫文章時故意不引用這個人的東西。但這是個非常高風險的舉動。英語裏有個說法叫「墨菲定律」（Murphy's Law），你擔心什麼事情，就出什麼事情，你有意迴避這位學者，很可能你的文章就偏偏落到人家手裏。一旦落到這個人的手

可否自己提名審稿人？

主編最有可能選什麼人來當評審？

裏，你的文章一定會被槍斃掉，因為你居然不引用他的文章，那不是等著被他修理嘛。

我們每個人都有自己的局限性，但是往往自己意識不到。你眼睛平視往前看的時候，視野是有限的，看不到的地方就是我們的盲點。開車的朋友一定更有體會，開車時是有盲點的，如果不留心這盲點，就很容易出事故。我們做研究也一樣，不管怎麼修改，還是有盲點，匿名評審就是讓做相似研究的人指出作者的盲點，這對作者幫助很大。我們學圍棋，最好的手段是實戰，但實戰完了還要復盤，復盤是個很好的提高過程，復盤時要有高手在旁邊給你指點。匿名審稿就相當於在復盤時有個高手在旁邊指點，告訴你哪個地方下錯了，哪一手效率不高，哪一手過分，是無理手。各個刊物的主編都會要求審稿人提出建設性的修改意見。所以這在旁邊指點的高手還會告訴你怎樣下比較好，幫你擺幾個變化。

這也就是說，按照設計，匿名評審制度應該發揮兩個同樣重要的功能。第一是把關。你做的東西如果只突破了自己的極限，沒突破學術界共同的極限，那是沒用的。你盡了120%的努力，但是如果對學術界來講你只達到了95%，你的論文就沒機會發表；如果你的研究水平達到了學術界現有的最高水平，達到了100%，發表的機會仍然是零。但是，如果你達到了101%，突破了1%，那麼你發表的機會就應該是100%。審稿人看到稿件後，首先判斷這個研究是否已

匿名評審有什麼功能？

經達到了現在的最高水平，是不是有新東西。這是審稿意見前一兩個自然段的內容。如果他認為已經有了1%的突破，那麼文章就應該發表。問題是，如果作者看到這一部分的意見，肯定會覺得自己的文章應該發表。審稿人都說這篇文章有新貢獻了，如果不發表，那肯定是主編有問題。或許因為這個考慮，二十年前《中國季刊》的主編會把正面的意見塗掉。

除了把關，匿名評審還有第二個功能，就是促進。當然這是正面說法，負面看，就是榨乾。正常情況下，我們把稿子投到某個刊物，一定是做到了山窮水盡的地步。如果有人沒做到山窮水盡的地步就投稿了，那他還不成熟，甚至可以說不夠嚴肅。關於這一點，我多說兩句。學生與學者有個質的區別。本科生也好、研究生也好，做研究時身邊永遠有個裁判兼教練，就是老師或導師。之前提到過李零先生的說法，老師有責任判斷學生做得好不好。但是，一旦博士畢業，身份從學生變成學者，身邊就沒有這樣的裁判兼教練了。你就是你自己的裁判兼教練。沒盡到百分之百的努力，稿子是不應該投出去的，否則可能給你造成很大的傷害。參加國際會議更是如此，沒盡到百分之百的努力，就在國際會議的講台上講你的研究，那是拿你自己的學術聲譽開玩笑。年輕學者一定要抵擋這種誘惑，否則就可能給自己挖個很大的坑，再也爬不出來了。

好，回到正題。你已經盡力了，審稿人也同意

你超越了學界的極限，有新發現，他是不是就痛痛快快建議主編發表呢？偶爾會這樣。一般來說，審稿人不會這麼爽快，他還會壓榨一下，看作者是否還有油水。當然，我這是從作者角度看問題，覺得作者真可憐。從審稿人角度看，他可能覺得不是壓榨作者，而是善意地督促作者，確保作者把全部力量都發揮出來，把研究做到最好的水平。這是審稿意見第二部分的內容。認真審過稿件的朋友都知道，這一部分更難寫。審稿人要站在作者的角度去看怎麼把文章改得更好。公平的審稿人對作者有兩個假定，一是他有盲點，二是他一定有能力克服盲點。二者缺一不可，第二個尤其重要。匿名評審要做的不僅是把這個盲點找出來，還要告訴作者怎樣從101%做到102%，甚至更高。這就是匿名評審的第二個功能。這個功能是建設性的，就是促使作者把研究做得更好，再提高一步。你已經做到了101%，還督促你做到102%、103%、104%。

從制度設計上說，匿名評審就是這樣一種健康的制度。它的本意是提供一個公平的學術市場。前面說過，學術市場跟我們平時講的市場不太一樣。比如，在手機市場裏，蘋果手機有它的定位，華為手機跟蘋果手機有競爭，但不在同一個平台競爭，它面向的顧客群不同。學術市場不是這樣，雖然學術研究也有非學術的顧客，但學者心中的顧客是其他學者。所以，學術界每個人都是生產者，然而產品是要賣給其他生

產者，也就是其他學者。就好比華為手機要賣給蘋果，蘋果手機要賣給華為。更恰當的比喻是，華為手機做出來以後能不能上市，是蘋果、三星、小米、諾基亞說了算；只有華為、三星、小米、諾基亞這些廠家同意iPhone 6比iPhone 5高明，蘋果才能把iPhone 6拿到市場上賣。你研究中國的經濟發展，另一個學者也研究中國的經濟發展，你必須讓那個學者承認你的研究做得好，這有多難？

　　學術評審這兩個功能都很光明正大，為什麼要匿名呢？我的理解是，學者也是人，有社會生活，學術界也是社會。老師可以批評學生，但學者之間必須互相尊重。許多批評意見，不能當面談，否則太不講情面。匿名就是讓大家不用擔心彼此冒犯，不要擔心這次我槍斃了你的文章，下次你就要槍斃我的文章。如果那樣，評審就變成了破壞力量，不是建設性的了。所以，審稿需要匿名，而且是雙向匿名，審稿人不知道作者是誰，作者拿到反饋以後也不知道審稿人是誰。當然，你在學界的時間長了，有時很清楚你評審的文章是誰寫的。尤其是現在，往往在網上一搜就搜到了。有些年輕學者會犯一個錯誤，寫完文章以後，知道哪個老師對他比較友好，而且很可能會審這個稿子，就把文章先發給這位老師。至少在我這裏，這樣做會起反作用。我本來可能同意審這篇稿子，你告訴我以後，我就不能審了，因為我必須照規則做事。

評審為什麼要匿名？

是否應該提前把稿子發給可能的評審人？

另一方面，你收到了審稿意見，往往也知道審稿人是誰。比如我自己就遇到過一位審稿人，她審稿子非常嚴格，每次都擺出個架勢，好像非把作者最後一滴油榨出來不可。我覺得已經努力到100%了，她說不夠，你還應該努力到110%。我說已經做到110%了，她還說不夠，你要做到120%，但是她十分公平，我真到達極限了，她肯定會開綠燈，因為她知道我已經山窮水盡了。我知道她是誰，她也知道我是誰。我非常感謝她，但我在評她的文章時還是該怎麼評就怎麼評，我也不會當面感謝她。這是匿名評審的正常運行。我們可以想想看，在中文學術圈建立這樣一種制度有多困難。我不是說沒有希望，但要慢慢建立一種健康的制度確實是很困難的。

剛才我們說了，匿名評審制度一方面是把關，另一方面是督促作者把已經做得很好的東西做得更好。這兩個功能都非常理想，為什麼現實中還會出問題，為什麼大家對匿名評審有那麼多抱怨呢？這就是人性的問題了。人創立的制度沒有完美的，因為人本來就是不完美的。我們評判一個制度時，不是看它是不是完美，而是看它優點多於缺點還是缺點多於優點。在政治生活、社會生活、經濟生活中，不要期待有個完美的東西。一個東西完美，那它一定不現實；一個東西現實，那它不可能完美。完美與現實是不兼容的。匿名評審制度不完美的地方，或者說它現實的一面，主要是因為學術界有競爭關係。有時候，審稿人跟主

匿名評審制度的缺點？

編的溝通也會出問題。審稿人可能內心承認你已經做到了101%，但他評價時用詞讓主編覺得你只做到了100.1%。101%和100.1%很不一樣，主編一般不願意冒風險。大家都知道，學術刊物同樣是個市場，在自然科學界裏，如果《自然》和《科學》這樣的權威期刊撤稿，是很重大的事件。比如之前有位日本女科學家被《自然》撤稿，是個很大的事。所以，越是重要刊物的主編，就越小心、越保守。這時，如果審稿人在本來應該積極肯定的地方有點保守，就可能影響主編的決定。

還有，審稿人在評審過程中會指出作者很多缺點、很多問題。如果說他要作者從101%做到102%，這個要求是合理的。但如果他要求你做到105%，就有點不合理了。如果他要求你做到110%，那麼你很可能做不到。所以，審稿人可以以一種很有建設性的方式毀掉你的文章，有時是故意的，有時不是故意的。比如，他說這篇文章可以從四個方面修改完善，前三條你都可以做到，第四條做不到。這時，主編有很大的裁量權，作者有沒有相應的應對技巧也起很大作用。

學徒心態

之前說過，審稿人的作用之一是把關。但是，學術市場上的把關（gatekeeping）不是簡單的把關。主編找你做審稿人，就是承認你在學術界是一號人物，認為你一定可以提出意見，可以促使幫助作者把很好的研究做得更好。當然，現實中，因為有匿名的保護，有的審稿人會忘掉自己的責任。學術界是個傷痕累累的世界，有點像戰地醫院。在學術界活下來的人，每個人都傷痕累累，關鍵是你怎麼看這些傷痕。在我看來，每道傷痕都是個鞭策，是過去的鞭策留下的記錄，也是繼續前進的鞭策，在我突破極限的過程中，遇到自己走不過的坎，一道鞭子下來，我就過去了。我之前反覆講，學術研究是極限運動。大家不要覺得這是句很輕鬆的話，極限運動是非常痛苦的。但這也正好是學術研究的價值，如果你每次都能輕而易舉地把東西做出來，那就沒意思了，因為你做的東西很可能沒有學術價值。

是否可以和評審人爭論？

我們在跟審稿人打交道時要記住，審稿人永遠正確，哪怕是不講理的審稿人，也永遠正確，永遠不要跟審稿人爭論。年輕學者容易犯的錯誤之一就是跟審稿人爭論。有些美國名校畢業的博士，比如哈佛、耶魯、斯坦福、普林斯頓畢業的博士，遇到拒稿時很容易憤怒，會寫很長很長的信給主編，據理力爭。這樣做可以理解，但於事無補，所以是錯的。錯，不

是無理，而是無益。我們拿足球打比方，主裁判有時判錯，你的球明明踢進去了，他說沒進，明明該判點球，他就是不判，對方明明越位了，他沒看見，也不理會巡邊員舉旗。你怎麼辦？如果你在場上跟他爭論，你比較客氣，他不理你；你不客氣，他給你黃牌警告，你再爭，他再加一張黃牌，你就被罰出去了。

幸好，學術發表是個相對公平的市場，沒有壟斷。中國研究領域有十來家刊物，《中國季刊》不要，就投 China Journal，China Journal 不要，就投 Modern China，還有 Journal of Contemporary China、China: An International Journal、Journal of Current Chinese Affairs 和 China Review。刊物這麼多，我們沒必要吊死在一棵樹上。另投刊物，之前那幾個審稿人就不能再評了。審稿人也沒那麼聰明，如果他們評的是同一篇文章，兩次的意見不會有太大變化。如果你發現兩個審稿意見高度一致，馬上要跟主編提出來。不是抗議，只是提醒主編，這個人已經評審過你的文章，沒資格再評。這樣，投稿的保險係數就越來越大，正所謂天無絕人之路。年輕學者要避免一個問題，就是太容易有挫折感。有的人兩次被拒就很灰心，就開始懷疑自己了。不要灰心，不要懷疑自己，應該接著試，每次收到的意見都要認真看。要相信大部分審稿人不是惡意的。

有的時候，審稿人可能表現得有點不耐煩，可能表現得居高臨下，教訓你這麼簡單的事情居然不會。不會就是不會，這沒什麼了不起的，大家一開始都不

兩次評審，審稿人重複怎麼辦？

要怎麼對待嚴厲的評審意見？

會。不會就學，做錯了就改，改好了就行了。有的時候，審稿人好像發脾氣一樣，審稿意見寫得像是指責你，這個時候我們要充分諒解。其實審稿是一種奉獻。作者接受了審稿人的意見，發表時頂多是感謝審稿人的建議。如果作者猜出來審稿人是誰，可能會把他的名字放到感謝名單裏。放在了感謝名單裏，對審稿人又有什麼用呢？寫審稿意見是很辛苦的事，我以前比較負責任時，評一篇文章要花七八個小時。現在，如果主編讓我去評審一篇文章，我可能要掂量很長的時間決定要不要評審。一萬字的文章，認真從頭讀到尾就要一兩個小時，還要挖空心思想怎麼把這篇文章改得更好一點，還要想自己的要求是不是合理。往往是當時答應，過了一個星期就後悔，文章放在那裏了。再過一個半月，我都想不起來當初為什麼同意評這篇文章，然後主編來郵件催，說還沒收到審稿意見。這個時候，審稿就真的變成負擔了。在這種心情下，又不能稀里糊塗來評，畢竟還要顧及自己的信譽。主編知道你是誰，你馬馬虎虎寫篇評審意見給他，他就看不起你了，下次不找你了。他不找你沒關係，但是他看不起你，而你很可能還會給他投稿，你敢擔這個風險嗎？所以，大部分情況下，等你終於鼓足勇氣來看這個文章時，如果發現特別不應該出現的錯誤，你自然會感到很不耐煩。所以，我們在看審稿意見時，一定要理解審稿人是在什麼心情下面來審稿的，他流露出來點不耐煩是很正常的。大家不

要太介意，對事不對人（don't take it personally）。我已經反覆說了，公平地建設性地審稿是奉獻，無人感謝（thankless job）。反正你也有匿名保護，審稿人說話再難聽，畢竟沒指著你的鼻子罵，你假裝不知道就好了。

我們在跟審稿人打交道的過程中，一方面要儘量去理解他們的批評，一方面也要把這當成學習的機會。對我自己來說，寫論文當然是很好的訓練，跟老師合寫是更高級的訓練，但是，真正嚴格的訓練，真正每道鞭子都記在心裏，每道傷痕都像成長年輪的，是匿名評審過程。如果我們用這樣一種健康的、積極的態度來看評審，就會從中得到最多的好處，避免過度的傷害。我的學生裏有幾位就很勇敢，他們有意識地去投一些他們知道發表機會為零的刊物。這不是自討苦吃，而是主動尋找訓練機會，等著別人來打鞭子，如果鞭子打得不夠，說明這個刊物不夠嚴格。實際上，判斷刊物質量的標準之一就是審稿人意見的長短和詳細與否。越是好的刊物，比如《美國政治科學評論》，審稿意見越長。哪怕你的稿子根本不可能在那邊發表，你仍然會收到非常詳細的、非常有建設性的意見。

> 文章是自己的好，橫看豎看都順眼。投寄刊物，先自信滿滿，後焦心苦候，盼到評審意見，通常是冷水一盆，甚至當頭一棒。先安頓受傷的自尊，再細品逆耳之言。認同，有則改之；不認同，無則加勉，切勿據理力爭。獲允修改再投，就是成功。

這是我2009年寫的。其實就是一句話，文章被拒

如何利用評審提高自己？

很正常。不受傷是不可能的。因為我們每個人都有自尊，而且，至少我自己是這樣，投稿時真的是已經盡了百分之百的努力。文章投出去以後還被人家說得一無是處，當然會覺得受傷。我遇到過一個最嚴厲的批評，說我的計量分析有致命的失誤（fatal flaw）。這個失誤是不是致命，我們可以討論，但是這個評語我永遠忘不了。受傷是難免的，但我覺得這是成長的契機。要突破極限，我們自己盡最大的努力往往還不夠，還要人家來督促一下，甚至鞭策一下。這就是匿名評審的作用。

和主編打交道

如何投稿？

　　我們下面討論些具體的問題，比如投稿時，應該怎麼給主編寫信，修改時要等多長時間，改完後怎麼給主編寫信。期刊的主編就像足球場上的主裁判，說一不二。當然，主裁判在裁判過程中要聽別人的意見，比如判斷有沒有越位，他要聽邊裁的意見。但是，最後裁決權在主裁判手裏，他說球進了就進了，他說沒進就沒進，你沒什麼辦法。主編即使出錯，你也沒辦法講理。剛才也提到了，越是好的刊物的主編，就越保守，越是傾向於不求有功但求無過。有個刊物的審稿指南裏有這麼一條，讓審稿人判斷這篇文章發出來會不會讓這個刊物感到難堪。很明顯，期刊不那麼在乎這篇論文有沒有學術價值，更在意這篇文章發出來以後會不會影響刊物的名聲。前些年有個蘇卡爾事件（Sokal affair）。一位物理學家胡編亂造了一篇後現代主義的論文發在後現代主義最權威的刊物上，主編和審稿人居然都沒發現這篇文章是偽造的、故意

嘲笑他們的，這只能說明這個刊物水平太差。大家如果有興趣，可以看看華東師範大學劉擎教授對這個事情的評論。總而言之，期刊的主編都非常小心的，如果審稿人暗示，甚至明確告訴他，發表這篇文章有風險，他肯定不願冒這個險。

　　那麼怎樣寫投稿信呢？首先，這封信要寫得非常簡單。每個刊物每天有那麼多稿子，主編沒時間細看，助理主編也沒時間細看。所以，這個投稿信（cover letter）一定要寫得很簡單。第一句話說我給貴刊投了一篇稿子，希望貴刊考慮能否發表。第二段是文章摘要，說明這篇文章究竟有什麼內容。這部分寫得好不好直接決定文章能不能進入評審。前面我說過，最近這些年直接拒稿（desk rejection）越來越多。以前不管稿子好不好，主編都會送出去審。現在稿子太多了，不可能都送出去。中國研究的刊物來自大陸的稿子太多，沒辦法處理，所以現在有個初審，初審過了才送出去匿名評審。投稿信的第二段就直接決定了這篇文章能不能過這一關。這一段裏，三個要素都不能少：問題是重要的，研究是原創的，表達是清晰的。

　　拿歐博文教授、劉明興教授和我2012年發表在《中國季刊》上的這篇文章作例子。投稿信第二段，一開始就說我們研究的是上訪高峰。我們不直接說這個問題多重要，但我們說明我們研究的是什麼問題。當主編的人立刻就會注意到，這是個比較重要的問題。接下來我們強調這篇論文新在什麼地方。這裏有個

詞是「非正常」（non-normal）上訪，這是英文文獻裏討論不多的現象。寫在摘要裏，就等於說文章有這麼個亮點。摘要結尾講一下研究發現的重要性，也就是評審標準裏要求的「較大的意義」（larger implication）。我們做了個超大膽的假設，說等胡溫退位、新一代領導人上台以後，如果新一代領導人也像胡溫剛上台時那樣擺出一副親民姿態，中國將會出現新一輪的信訪洪峰。這是個很大膽的預測，現在看這個預測是錯的，但沒關係，因為我們的預測設定了很多條件，條件不具備，預測的事情不發生，很正常。不管怎麼講，結尾一定要強調一下你的研究有「較大的意義」，這樣至少有助於不被直接拒稿。

投稿信的第三段非常簡短。我們知道，內地的學術發表有個非常不健康的現象，就是一稿多投、一稿多發。我有一次做中文文獻檢索，注意到有篇文章有二十來個版本，作者是個很有名的學者。我感到非常奇怪，這個人怎麼這麼不自重。一句話說一遍，人家還覺得很新鮮，說兩遍，人家已經覺得有點煩了，說三遍，人家就看不起你了，說二十遍，那就把本來有點新意的東西變成垃圾了。在英文學術圈，所有的刊物都明確要求文章一定是沒發表過的，一定不能正在其他刊物評審。所以，投稿信的第三段話就要聲明這個稿子沒投到其他刊物。有時還要說這個論文沒以任何形式、任何語言、在任何地方發表過。

除了聲明這篇文章沒發表過，我們的投稿信結尾

是：Thank you for your consideration and we look forward to hearing from you once the refereeing is complete（謝謝你考慮我們的稿件。我們期待著評審完成後聽到你的消息）。很多年輕的學者往往只說 "I look forward to hearing from you"（我期待著聽到你的消息），這樣寫可以，但不太委婉。這也是我們要很細心地體會英語的原因。

　　這就是投稿信的三段論。當然還有些細節問題。

如何製作匿名版稿件供評審？

比如，有些刊物要求提交兩個版本，一個是 identified version（署名版），一個是 anonymous version（匿名版）。現在電子郵件投稿比以前方便多了，但這個功夫也要做的。兩個版本的區別可能就是有沒有帶作者信息的標題頁。你可能覺得，主編把這一頁刪掉了不就行了嘛。不行，我們投稿是去求人家，你不能指望人家給你多做一點點事情，所有你應該做的事情一個都不能少做。前面提到過，不同的期刊有不同的格式（style sheet），有的要尾注，有的要腳注，有的要文中注。你不能說，主編，你先看看稿子行不行，你覺得行，我再按照期刊要求的格式修改。這樣不行，一點懶也不能偷。匿名版與署名版要標得很清楚。匿名版不能讓讀者在任何地方看出來作者是誰。有時我們用第一人稱來寫文章，文章難免提到自己已經發表的論文，這時要注意，注釋必須有編號無內容。否則，如果主編比較寬容，覺得這是無心之過，可能放過去，如果遇到嚴格的主編，就可能退稿，因為你洩露了自己的身份。這些細節我們一定要小心。

如何修改後再投？

最近這些年，學術界的考核越來越量化，刊物之間的競爭也越來越激烈。為了吸引學者投稿，各個刊物都開始儘量縮短出版週期。幾年前，學界的約定是從稿子投出去到收到評審意見一般需要三個月。不到三個月，不能給主編寫信詢問；作者一般會等三到四個月，五個月就太長了。我有位年輕的同事，投了稿九個月沒回信，他也不問。我告訴他不能等這麼長時間，審稿人不回信，主編不能主動去催，你寫信給主編，主編才能去催。我們剛才講到了，匿名評審完全是做貢獻，你怎麼能讓主編主動去催呢？

投稿一段時間後沒有回應，是否應該詢問？

稿子投出去，初審結果一般都不會讓作者高興。只有很少情況下，審稿人會說這篇文章寫得很好，建議發表，或者說只需要做很小的修改。我這二十年投稿經歷中，只有一次是審稿結束後主編說改一改就可以發，因為三個審稿人的意見非常一致，都很正面，沒要求做重要修改。這是個例外，而且這篇文章被一個頂級刊物婉言拒過。順便提一句，拒就拒了，還有必要分怎麼拒嗎？有必要，刊物的質量高低，主要標誌之一就是主編怎樣拒稿。好主編會很認真地寫拒稿信，具體告訴作者審稿情況，刊物的錄稿情況，甚至清楚建議怎樣修改，改後投到什麼刊物。刊物檔次越低，主編的拒稿信越寫得傲氣十足。

初審可能有什麼結果？

稿子直接被接受或者只需要小修小改，是投稿

的最佳結果。一般情況下，審稿人不會輕易讓稿件過關，尤其是好刊物的審稿人。他們是把關的，看門人，直接放行，就等於承認作者比自己高明。大家都知道眼高手低的道理。你看一篇文章，居然看不出紕漏，那作者一定比你高明很多。當局者迷，旁觀者清，審稿是旁觀，看得清並不意味著比當局者高明，看不清則肯定意味著遠遠不如當局者。由於這種心理，審稿人不管心裏服不服氣，都不會輕易讓稿件過關。所以，投稿後，我們一定得像革命年代常說的那樣「一顆紅心，兩種準備」。期待「修改重投」(revise and resubmit)，準備接受拒稿(rejection)。假如直接被接受或基本被接受，那是意外之喜，相當於中了彩票，可以慶祝一番。

投稿後概率最大的結果是被拒稿。大部分情況下，雖然拒稿，仍然有收穫，因為會收到詳細的審稿意見。這個時候，我們年輕的學者一定要擺正心態，認真看評審意見，只要是合理的，只要是力所能及的，一定要按照意見去修改。我們可以把學術刊物分為一二三等。你開始投了個一等刊物，人家給你提了很多修改意見，你不改，原封不動投到第二等、第三等刊物，這樣做絕對不行。你一字不改立刻改投其他刊物，很可能再被槍斃。我投稿時犯過這個錯誤，當時面臨轉正考核，壓力山大，審稿人提出的問題我覺得無法應付，收到拒稿信就立刻改投，結果就收到了相同的審稿意見。當時覺得真是冤家路窄，其實是我

收到審稿意見之後，不做修改另投他家是否可以？

沒經驗，犯了大錯。我審稿時遇到過兩個作者犯這種錯誤，可見這種錯誤並不罕見。有一次，我給某個刊物評審了一篇稿子，寫了很長的評審意見，而且比較正面。過了一個星期，我收到另一個刊物的邀請，讓我評這篇稿子。我發現作者只改了一個我指出來的錯別字，其他都沒改。之前說過，學術界有行規，不能兩次評審同一篇稿子。所以我跟主編說，我一個星期前評過這篇文章，我對照了這兩個版本，發現作者只修改了一個字，所以我把我的評審意見發給你，僅供參考，不算正式評審。下文我就不管了。發生這樣的事，對作者很不好。你哪怕決定不修改，也不能立刻投出去，至少等一個月，這樣表示你很重視評審意見。發表的週期不是用月來計算的，是用年計算的。如果一個月以後我收到另一個刊物的審稿邀請，我會覺得作者花了這麼長時間琢磨怎麼修改，最後沒改，也許我提的修改要求確實超過了他的能力，這篇稿子在前一個刊物上發表不太合適，但放在這個刊物上是合適的。這樣，我就是站在另一個角度想問題了。但如果只隔了一個星期，我覺得我花了一天寫的意見你掃一眼就扔掉了，我不會認為是你力不能及，而是你學風不正。

　　如果主編決定讓你修改後再投，一般會明確告訴你修改以後會不會有第二輪評審。《近代中國》就是這樣。兩位主編，黃宗智（Philip Huang）教授和他的夫人白凱（Kathryn Bernhardt）教授，都是倍受尊敬的學者，

如何從主編的信中判斷投稿成功的可能性？

有很強的判斷力。他們如果說不做第二輪評審，由主編做最後決定，是最樂觀的結果，基本上不會出意外，所以一定要修改再投。另一種情況，主編說他們會送出去再審，但會請兩位審稿人當中的一位來審。這時你要判斷一下最可能找哪一位來審，因為兩份審稿意見可能不一致。一般情況下，主編會給審稿人編號，一號和二號。如果二選一，那麼非常有可能會選擇第一位。如果你覺得你有能力改到令第一位評審滿意的程度，那就修改再投。第三種情況，一共兩位審稿人，主編說第二輪評審仍請這兩位審稿人，這個時候也仍然要毫不猶豫地去修改。還有一種可能是，主編說會請兩位審稿人中的一位來審，另外再找一位，這時你要掂量掂量，因為不確定因素多了。最不友好的情況是，主編說會另找兩位學者評你修改後的文章。這是比較難過的一關。因為再找的兩位評審可能口味不一樣。打個比方，前兩位評審都喜歡吃辣，那你就得把文章照他們的建議改辣點，但萬一第二輪的評審對辣過敏，那就麻煩了。所以，修改再投實際上分很多層次。就像我們之前說過的，你看信時要估計一下主編對你的文章到底有沒有興趣，要看他的用詞，是鼓勵（encourage），還是敦促（urge），還是強烈鼓勵（strongly encourage），還是建議（suggest），甚至是不冷不熱，「完全由你決定」（it's all up to you）。這需要我們仔細判斷。有一次，看過評審意見後，我決定修

改再投，但是再次認真看審稿人的意見，覺得一個審稿人是個外行，主編也沒明說修改的稿子是不是還送給這個審稿人。我覺得風險太大，就說抱歉，不準備再投了。作者不能質疑主編為什麼要找個外行評審，對主編來說，審稿人不僅是同盟軍，更是寶貴資源。無論如何，主編都不會得罪審稿人，就算審稿人完全錯，他也會無條件地站在審稿人一邊。所以，作者絕對不要跟審稿人爭論，不要去跟主編爭論。

如果決定修改再投，又有兩個技術問題。第一，到底花多長時間修改。第二，修改再投的信怎麼寫？這裏也有點藝術成分，也可以說是世故成分。審稿人提了很多修改意見，你可能兩天就改完了，但不能立刻投回去，不然，會讓審稿人覺得你不重視他。他辛辛苦苦提了五條修改意見，你兩天就弄完了，說明他的水平太低，提的修改意見對你來說是舉手之勞。但是，也不能為了表示重視，修改半年才投回去。中國的變化很快，你的文章討論薄熙來的重慶模式，你修改了半年投回去，薄熙來已經收到秦城去了。當然，這並不是說你的文章就不能發表了，但你必須花時間更新它。即使沒這種戲劇性的東西，修改時間太長也會讓主編不太確定你到底是改好了還是改壞了，可能還要請人家再審核一下。所以，既不能立刻投回去，也不能等太長時間。一般來說，至少花一個月的時間修改，但不要超過三個月。

修改的時間以多長為好？

再投時又要寫信，這個改後再投的信和投稿信的寫法不一樣。歐博文老師說，寫改後再投的信，最主要的目標是讓主編不要再送出去審。一般情況下，主編不如審稿人在行，如果他看了你的信覺得你改得可以了，覺得不需要聽別人的意見了，那麼你就成功了。我們來看這封改後再投的投稿信，是歐博文老師寫的，我們可以看看他的文字有多講究：

Enclosed please find our revised manuscript, "Petitioning Beijing: The High Tide of 2003–2006." We were delighted to hear that your referees found the piece "well-written and solidly researched" (Referee 2) and that they believed it could make an "important" (Referee 1) and "quite interesting" (Referee 3) contribution to the study of petitioning in China. Still, all three referees made some very helpful suggestions, and here is how we addressed them.

第一句話很簡單，我們修改過了。下面這句是很多年輕學者不太注意的，說我們很高興知道審稿人認為這個文章 "well-written and solidly researched"（研究紮實，文字不錯）。括弧注明這是第二位審稿人的原話。然後說，這篇文章的課題重要（important），後面標明這是第一位審稿人的原話。也就是說，歐老師在三份評審意見裏各取了一點對我們最有利的評價，分別是：課題重要，研究紮實，表達清晰。這恰恰對應《中國季刊》的標準。歐老師這樣寫有兩個好處。第一，告

訴主編說明我們高度重視評審意見，讀得非常細，一個字一個字地看，每個字都放在了心裏。第二，借審稿人的口自吹自擂，可以把主編的嘴堵住。這裏的潛台詞是：這是你請的審稿人，他們說我們的文章好，你作為主編應該聽他們的意見。歐老師寫得非常委婉。這樣的文字功夫，我用中文可以做到，用英文做不到，只能照虎畫貓。

更重要的是後面的話，「儘管如此」(still)。英語不是我們的母語，我們很難用對這個詞，很難用得恰到好處。這裏有幾個詞可以選擇，用but太淺，用however是轉折，轉折就意味著前面是稱讚自己，後面要批評自己了。這裏要說的是我們已經做得很好了，但是美中不足，還有錦上添花的餘地，still這個詞就是起這個作用的。下面說審稿人的意見都很有幫助(very helpful)，然後說「我們是這樣回應的」(here is how we addressed them)：address是個很鄭重的詞，用deal with (應對、對付) 就不對了。

我們再來看下面這一段：

Following Referee 2's advice, we qualified and refined the tenor of our argument. Throughout the paper, we toned down our "causal" claims. We also elaborated several points that had been implicit in a beefed-up conclusion that now discusses signaling, expectations and the cultural dimension of "political opportunity."

寫這個信的時候，歐博文老師已經是加州大學伯

克利分校的講座教授了。評審的人，我們私下判斷，具體名字我不說，都是歐老師學生輩的人，但你看他的口氣多麼謙恭。這裏說我們根據第二位審稿人的意見，做了這個，做了那個。下面幾段也都是一樣的，用詞變化一下，但口氣不變，都表示審稿人說得很對，審稿人是在幫我們，我們很appreciate——這個詞有好幾層意思，包括感謝、欣賞。請注意，這不是客套，我們知道審稿人的批評是建設性的，我們也確實是按照他們的意見修改的。

當然，有時你不想聽審稿人的意見，因為有的審稿人有失公正。我有一次投稿到《中國季刊》，收到三份評審意見。主編讓我認真參照第一位和第二位評審的意見修改，第三位評審的意見僅供我參考。這是很少見的情況，因為第三位審稿人出偏了。我後來知道，他有篇跟我相似的文章，但比我晚。我的文章送到他的手裏，也許他的第一反應是把我的文章壓下，因為我的文章一旦發出來，他就沒機會了。主編頭腦很清楚，他一看這個評審意見，就知道這位審稿人不公平，於是很明確地告訴我這份審稿意見僅供參考。我當然聽主編的。一般情況下，我們不應該議論審稿人錯在什麼地方，什麼地方不公平。在學術界千萬不要沒事找事。不過，事情還有另一面，就是我們自己也會審別人的稿子。一個人品質是否高尚，並不僅僅體現在他在日常生活中是不是與人為善，在三個特殊情景下更容易判斷一個人的品格。一是別人面臨危機

時會不會盡全力營救，二是自己不面臨生命危險時是否對落難者落井下石。這兩個情景在學術領域不出現。學術界常見的是第三個情景，是否在有匿名保障的情況下不冒充高明，不發泄怨氣，不放縱嫉妒、報復等惡意。第三個情景對每位學者都是嚴峻的考驗，特別是年輕氣盛的學者，他們最難抵禦匿名保護的誘惑。

有的時候，審稿人的意見是對的，但是你做不到，或者說，他是對的，但跟你的風格不一樣。這時要不要勉強照著他的方案去改呢？大部分情況下，你可以不改，但你要明確說出來，不是去跟審稿人辯論，而是說，我確實做不到。比如，第二位評審認為我們這篇文章的理論化程度不夠（under-theorized），但我們決定不照著他的建議改。歐老師是這樣寫的：

> The revised version may still be "a bit under-theorized" by the standards of Referee 2. We decided against "hanging" the piece on a single, large theory because the strength of the paper is the description and a narrative which is perhaps appropriate for an under-studied empirical issue that involves many levels of government, different social groups, and decisions being made (and unmade) over time.

我們不說他的建議不對，我們只是說，我們決定這樣做有我們自己的一系列考慮。同時，我們在信裏用了 description（描述）和 narrative（敘事）這兩個詞，實際上這更符合《中國季刊》的辦刊標準。當然，我們不會明確說，如果我們寫得太理論化就不適合本刊。

無法做到評審意見怎麼辦？

結尾這句話同樣非常講究，也是我們這些非母語的人很難想出來的：Thanks again for all your efforts to make this paper the best it can be（直譯是：再次感謝你的種種努力，促使這篇文章達到了它可能達到的最高水平）。首先肯定主編的努力和審稿人的奉獻，幫我們改進了這篇文章。這裏的 "the best it can be" 是個很委婉的說法。言外之意是，我們已經從 good（好）到 better（更好）到 best（最好）了，已經做到了十成功夫了，我們改不動了。最後還有一句 We look forward to hearing from you（我們期待你的回音）。為什麼到這裏就戛然而止了呢，為什麼和第一次投稿時候的口氣不一樣了呢？這是暗示主編我們不希望再等三個月，不希望再有一輪審稿。

　　當然，你可以說這些都是我們自作多情，主編可能不會認真看投稿信。不過，我們要知道，主編是一種職業，每天要看很多信。如果你的信寫得沒特點，那麼他看了跟沒看是一樣的。所以，我們在寫投稿信時還是要下點功夫。要點有三個，要用最準確的口氣表示對審稿人的尊重，用最委婉的口氣表示對審稿人的保留，用最微妙的方式對主編說，我們已經盡到最大努力了，要就要，不要就拉倒。

學術發表的「三心」

在學術發表的過程中,要跟主編打交道,跟評審打交道,最後落在一點上,匿名評審是個成長的機會。審稿人,只要他公平,不管他多嚴厲,都是我們的老師,而且是我們永遠沒辦法當面感謝的老師,對這樣的老師我們要格外尊重。我們可以當面感謝自己的老師,但是,審稿人也是你的老師,你就算知道他幫了你很多忙,也沒辦法當面感謝他。所以,我們在收到審稿意見時,首先要想這是我們老師的意見。我們要以這樣一種心態來對待審稿意見。

與此同時,我覺得學者要有內在的強大。內在的強大是弗洛姆的說法,他的原話是:

> 所謂成熟,就是已經創造性發展了自己的能力,就是只想擁有自己勞動的成果,就是拋棄了對全知全能的自戀夢想,就是獲得了謙卑,這謙卑的基礎是內在的強大,而內在的強大只能來自真正創造性的活動。

當學者需要有內在的強大,這種強大很多時候就體現在怎麼對待審稿人的意見上。我和歐博文老師合

寫文章，每次收到審稿意見他都讓我先看，他說我的皮比較厚。其實不是我皮厚，我不太在乎別人批評。歐老師在做學問、寫文章上是個絕對的完美主義者，完美主義者遇到別人批評時最不容易承擔，因為他覺得自己已經真的盡到了120%的努力了。我不太在乎別人怎麼看。內心比較強大了才能不在乎，如果太在乎別人的看法，那就是還有不強大的地方。當然這是十幾年前的事，現在歐老師根本不介意遇到不公平的評審。

進一步說，我覺得在學術發表過程中，甚至是整個學術生涯當中，我們需要樹立三個東西。第一是要有信心，就是說，我能寫，我有能力寫，我能夠努力達到並且突破自己的極限。第二是要有耐心。耐心是怎麼建立起來的呢？就是千萬不要認為自己是個天才。像我這樣從小就知道自己不笨，但沒那麼聰明的人，比較容易在學術界生存下來。如果你認為自己是個天才，那就沒耐心了。我認識的一位想學英語的老師，他聰明絕頂，但是他沒耐心，他沒辦法說服自己他不是天才，所以他很難學好英語。真正的天才有兩種，一種是他既是天才，也真的相信自己是天才，另一種是他雖然是天才，但不認為自己是天才。既是天才，又認為自己是天才，就比較容易受挫折。比較好的組合是你非常聰明，但是你不認為自己非常聰明。我們接受審稿人的意見，就是承認我們不是天才。如果你覺得你是天才，那你很難接受負面的審稿意見。

越是名校畢業、越是一帆風順、越是高智商的人，抗打擊的能力往往越差。

最後一點是要有恆心，也就是說，不僅知道自己能寫，而且相信自己能寫得更好。我有一位朋友，聽說他寫了四十多篇文章，都經過了評審，但是一篇也沒發表。我一共寫了二十多篇文章，每篇文章都發表了。這位朋友比我聰明。我們的差別就在於我更有信心、耐心、恆心。人家讓我改，我就改，第一稿不行就第二稿，第二稿不行就第三稿，第三稿不行就第四稿。投稿也是這樣，一個刊物不要就換一個，決不放棄。我給大家講一下我在《近代中國》發表一篇文章的過程，大家就知道我有多笨了。光是給主編的信，我就寫了 10 稿。這篇文章一開始是投給《中國季刊》，一直改到 CQ41，也就是改到第 41 稿才投出去。收到兩份審稿意見。有位審稿人說這個作者寫得很怪，好像自己在跟自己對話一樣，把自己一分為二，自問自答。《中國季刊》拒稿，沒給我修改再投的機會，我就改投了 *Journal of Peasant Studies*（《農民研究》），投出去三個月沒消息，我寫信問，過了一個月還是沒消息，我就放棄了，寫了封信聲明撤稿，改投了《近代中國》。《農民研究》當時的主編職業道德有點問題，始終不理睬我。我文件夾裏的 MC1 實際上是第 42 個版本了，因為前面已經有了 41 個版本。然後到了 MC23，第 23 個版本，文章終於發出來了，這是最終稿（final draft）。可見，寫文章是個實實在在的成長過程。如果

一篇文章要改幾稿？

我不給各位看這些，你們可能覺得我是說漂亮話，講的東西未必是真的。我可以告訴各位，我講的東西都是真的。當然，我沒把真的東西全部告訴各位，畢竟有些東西是不能講的。

謀定生存之後：
學者生涯

什麼是學者？

　　謀定生存之後怎麼辦，怎樣過一個學者的生活？我先引用一段話，是叔本華的。如果硬要給叔本華貼個標籤，他是悲觀主義人生哲學家。其實，他的哲學遠遠不是悲觀主義四個字可以概括的，可以叫做明智的悲觀主義。叔本華說話愛走極端。他說，絕大多數的人生是在兩個困境之間搖擺，要麼窘迫，要麼無聊。窘迫時為了生存而奮鬥，謀定生存以後會怎麼樣？叔本華說，謀定了生存，就開始無聊。他說：

> 生者忙忙碌碌，孜孜以求，只為謀生存，然而，終於謀定了生存，卻不知用它做什麼；於是投入第二次奮鬥，為的是擺脫生存這副重擔，令生存變得無從感知，殺掉時間，也就是說，逃離無聊。

生存不是學者的最終目的

　　我們年輕時需要為謀生存而發表，但我們為謀生存而發表時要問自己：謀定生存以後幹什麼？謀生存

的過程本身有沒有價值？我們看看一些不再面對發表壓力的副教授、正教授，甚至大名鼎鼎的學者，他們的生活狀態是不是值得我們羨慕呢？他們的生活是不是很有意義呢？有時可能要打個問號。有的人謀定生存就給自己辦提前退休，他們好像就是為了在學術界混碗飯，混個清閑的工作。還有更難理解的，開始是謀生存，但在謀生過程中形成某種慣性，謀定生存後忘了什麼是生活，忘了生活的目的。有的學者出了大名，仍然炮製灌水文章，走火入魔，為發表而發表，這是他原來想要的生活嗎？他們好像是在謀生存過程中培養出了自信，謀定生存後把這種自信膨脹為自負，再發達一點又進一步把自負膨脹為自戀，最後把自戀膨脹為自我神化，覺得全世界只有他是對的。這個從自信演變到自我神化的過程，在研究方法問題上表現得最明顯。有的學者，自己碰巧會個什麼方法，就堅信那是唯一科學的方法，把其他研究方法都視為垃圾。極左分子是「唯我獨革」，這種人是「唯我獨科」。學術界跟金庸先生筆下的武林江湖類似，門派林立是正常現象，但總是有任我行、左冷禪、岳不群這樣的野心家，妄想一統江湖。這種人如果掌握了學術權力就會變成施虐狂，變成教主，彷彿他可以創造一個偉大的學派，可以解決人類的所有問題。這樣的人我實在無法理解。

　　按照我的理解，學者首先要在學術界謀生存，但生存不是我們的最終目的。學者生涯是一種有使命

的特權。學術研究是偉大的事業，超越學者的個人生命。這裏的「學術」可以界定得寬泛一點，科學也好、數學也好、哲學也好、人文藝術也好，都是學術，都是人類文明的支柱。沒這些東西，人類的生存跟動物的生存就沒區別。我看電視最喜歡兩類節目，一類是講宇宙的，宇宙是怎麼起源的，黑洞是怎麼回事，太陽還有多長時間的壽命；還有一類是講動物的，動物世界非常好看，我看來看去覺得人就是動物。所有的食肉動物，甚至很多食草動物，有地盤概念，也就是領土（territory）觀念，跟我們人類非常相似。人類有國界，動物有地盤，獅子和老虎為了維護地盤與同類打架，人類為了地盤彼此戰爭。為什麼有地盤呢？為什麼獅子認為這塊地盤就是它的呢？地盤概念到底是什麼呢？為什麼凡是進入了我的地盤的其他動物都是我的口中食呢？這跟人類政治非常相似。人類為了爭王爭霸彼此殘殺，就是因為一旦登上王位，王國裏所有的人、所有的物就都成了他的財產，他可以為所欲為。我看了動物世界覺得，第一，人是動物，第二，人不應該僅僅是動物，人還得是人。江總書記曾經有個提法，叫發展政治文明，就是發展文明的政治。與文明的政治相對的，當然就是野蠻的政治。野蠻就是沒有規則、沒有底線，文明就是講究規則、有底線。我們可以拿體育比賽舉例子，比如NBA、CBA、英超、德甲、意甲、西甲。大家，特別是男性，喜歡看比賽，因為比賽就是競爭，所有體育比賽都是文明化

的戰爭。我們看不同國家的體育比賽時，根據隊員的表現、觀眾的表現，就可以判斷那個國家的文明水平，尤其是政治文明的發展水平。我說這些，只是為了說明一點，作為政治學學者，作為社會科學學者，我們做學問的最終目的是對政治文明的發展有所貢獻。

學術生涯是有使命的特權

我覺得學者是個很特殊的群體。人類發展到一定階段，需要一批人專門從事科學、藝術、文學這樣的精神產品的創造，我們可以把從事學術活動的這個特殊群體叫做精神貴族。精神貴族，不是那種寄生的貴族，是有創造性的、有自己本領的貴族。作為精神貴族，學者的使命有兩個。第一是創新，第二是傳承。這兩個使命同時也是特權。為什麼是「特權」呢？馬克思說過：

> 在共產主義社會高級階段上，在迫使人們奴隸般地服從分工的情形已經消失，從而腦力勞動和體力勞動的對立也隨之消失之後；在勞動已經不僅僅是謀生的手段，而且本身成了生活的第一需要之後；在隨著個人的全面發展生產力也增長起來，而集體財富的一切源泉都充分湧流之後——只有在那個時候，才能完全超出資產階級法權的狹隘眼界，社會

才能在自己的旗幟上寫上：各盡所能，按需分配！

根據馬克思的說法，到了共產主義社會高級階段，勞動就不僅僅是謀生的手段了，勞動本身成為了生活的第一需要。馬克思對人有個很理想的理解。人跟動物一樣是天天要活動的，動物如果不動那就不是動物了。但是動物天天動是為了活下來，是本能。人跟動物最大的區別在於，人的活動可以超越本能。馬克思認為，在他那個年代，人類的發展還沒完全擺脫純粹為了生存而活動的動物生活，還沒過渡到為了發揮自己的才能、享受自己的能力而活動的真正的人的生活。完成了這個過渡，勞動就不僅僅是謀生的手段了。大家注意，馬克思用詞是非常謹慎的，「勞動不僅僅是謀生的手段」，就是說勞動仍然是謀生的手段，但是，高級階段的人類跟初級階段的人類的最大區別在於，勞動本身成為生活的第一需要。

這種境界是可以達到的。我們看看周圍那些工作狂，那些為了科學、為了藝術廢寢忘食的人，他們就達到了馬克思講的境界。在我們看來，他們沒必要活得那麼辛苦，但他們完全樂在其中。做那些事情的時候，他們覺得自己有力量、有才能。他們做那些我們看起來非常辛苦、非常有挑戰性的工作，因為他們覺得通過做這些工作能活出自己的價值，這樣的活法體現出他們作為獨一無二的人的價值。大家不要小看「獨一無二」這個詞，獨一無二並不僅僅是說我們每個人都跟別人不一樣，獨一無二最值得珍惜的地方在於，

我們還有一個更高的超越我們個體生命的存在。我們來這個世界上走一圈的意義，實際上取決於我們的生命能不能跟那個更高的存在掛上鈎，我們能不能成為那個更高的存在的一部分。比如巴赫去世很多年了，但是只要人類存在，他的音樂就不會消失。我們作為學者能給人類社會留下什麼呢？就是我們創造和傳承的精神產品。正是這些精神產品，讓人類跟動物區分開，也正是在這個意義上，學者是最接近馬克思講的真正人類生活的一個群體。

繞了一大圈，我要說的就是一句話，學術生涯是有使命的特權。在座的各位要麼已經獲得了這個特權，要麼在追求這個特權。共產主義是個偉大的理想，我們可以說看不到這個理想實現的現實可能性，但這並不妨礙它成為一個理想。所有的理想本質上都是不可能實現的，如果能實現就不是理想了。理想的價值在於可以提升我們的精神世界，可以讓我們覺得有個前進目標，哪怕永遠達不到，理想仍然值得我們追求。我們追求理想的過程恰好就體現了我們一生的價值。學術生涯是特權，因為學者是最接近人類理想生活的一種職業。我們作為學者的一生在幹什麼？我們做課題的目的是什麼？如果是剛入職的助理教授、講師，做課題是為了謀生存，是為了補貼家用、通過考核。謀定生存以後，如果你一面做課題，一面抱怨，那我就覺得不值得同情了，因為這是你自己選擇做的，自找的。就像叔本華說的，你是在打發時間，

因為你不知道自己活著的價值是什麼。當然，這不是說我們不要做課題。關鍵是做課題時不要忘記，學者的天職是創新。如果在學術界混了一輩子，永遠是在重複別人的東西，那麼你作為一個學者是完全失敗的。

學者使命：創新和傳承

說實話，我們能夠在這個課堂裏像侃大山一樣胡說八道，這本身就是個特權。我們能這樣生活，是因為很多人沒辦法這麼生活。我們作為大學教授，跟那些開出租車的人，跟那些在流水線上工作的人比，生存環境優越太多了。所以，學術生涯絕對是個特權，我們必須證明我們值得擁有這個特權。用什麼證明？就是通過做學者該做的事來證明，學者該做的首先是創新，為知識增長做貢獻。這是我一直強調的，就是寫文章一定要有創新，一定要有原創點。創新是學者的第一天職。學者的第二使命是承傳，承傳也是學者的天職。做好承傳並不容易。學術界裏有學派，好比武林有門派。我估計大家都看過金庸先生的武俠小說，要當掌門人，只把本門的功夫學到最高程度是不夠的。《笑傲江湖》裏有一段，任我行在少林寺點評天下武林高人，說他只佩服三個半人。他只佩服一半的是武當派的掌門人沖虛道長。沖虛道長本人武功高，

但不會教徒弟，所以任我行只佩服一半。我們做學者也一樣，要做好承傳，首先就要把本領域的知識學到最高程度，但這還是不夠的，還要會傳授。

十年前，我是不大講這些東西的。我第一次跟年輕學者講方法是 2006 年，再往前我從來不講方法，學者講方法，證明他自己不做學問，去教別人做學問了。好比是跑接力，跑的時候顧不上講方法，開始講方法，就是變相承認，我筋疲力盡了，要把接力棒傳下去。真正做學問的時候，既沒時間，也沒自信講方法。自己還在山洞裏摸索，怎麼有資格、有底氣幫別人判斷山洞有沒有出口、已經爬到了什麼地方呢？但是，隨著年齡增長，人總會有衰退的一天。今天我這一講，講的是更接近於心裏話的心裏話。心裏話有不同的層次，前幾天講的也是心裏話，不過是比較淺層次的心裏話，今天講的是更加深層次的心裏話。我跟各位講這些內容，實際上是承認我作為創新的那個學者的生命已經在衰退了。

如果我們意識到自己作為學者是在享受一種有使命的特權，那麼就會發現很多以前認為過不去的困難其實很容易過去，很多心結很容易解開。我們都知道，在富士康流水線上工作的人每天可能要工作 12 個小時。你也許不服氣，覺得學者每天工作 20 個小時，因為學者睡覺時也在想學術問題。但是，他們工作 12 個小時就是為了謀個飯碗，而我們工作那麼多時間是為了充分發揮自己那點天賦，是為了體現自己的能力

和價值。這兩個生活境界是不能比的。所以，我們第一要承認自己有特權，第二要為證明自己應該享有這個特權而努力。也就是說，我們要不辱使命，做我們應該做的事情，就跟馬克思說的那樣，真正體會到工作是我們的第一需要。

研究經費：
學者用財，取之有道

　　我這裏只是簡單講幾個年輕學者不太容易注意到的要點。標題是我2006年在人民大學講的時候就用過的：「學者用財，取之有道」。當然，我這裏講的是申請研究經費，不是申請項目經費。經費掌握在學術機構手裏，就是研究經費；經費掌握在非學術機構手裏，就是項目經費。我先把這一點講清楚。

　　研究項目的評審跟論文發表時的評審非常相似。發表時，審稿人要發揮兩個作用，第一是把關，第二是幫作者把研究做得更好。研究項目的評審與此類似，評審人一方面要把關，判斷你值不值得拿這個錢，另一方面是要告訴申請人，研究設計可能存在他沒有注意到的問題。所以，我們要明白，研究計劃是寫給同行看的，沒必要吹牛，不要覺得把自己吹噓得很了不起才能拿到錢。

　　當然，寫研究項目申請書不完全等同於寫學術論文。寫學術論文是個收的過程，是做完研究以後把結果收束起來，變成一個完成的產品。寫課題申請則是個放的過程，發散的過程，要說這個問題目前已經做

寫項目申請書與寫論文的差別在哪？

到什麼地步，本研究會帶來很美妙的進展。所以，寫文章要小心謹慎，寫研究申請不妨大膽一點。

還要注意，論文評審是雙向匿名，作者不知道審稿人是誰，審稿人也不知道作者是誰。申請研究經費是單向匿名，評審人知道申請人是誰。我聽説內地現在有的項目申請是雙向匿名，這是歪門邪道。判斷一個課題是否值得支持，很重要的依據是申請人的資格，如果評審人不知道申請人是誰，不知道他以前做過什麼，憑什麼判斷他該不該拿到資助呢？評審論文時，哪怕知道作者是誰，審稿人也不能把這個因素考慮進去。評審研究經費申請時剛好相反，同樣的申請書，我去申請，人家可能給錢，換個人去申請，哪怕是一模一樣的內容，可能就不給錢。我不是自吹自擂，但我確實遇到過幾次，評審人說這個項目非常難做，但是因為申請人是個很有經驗的研究者（seasoned researcher），就是經歷過一番風霜考驗的研究者，所以還是投贊成票。學者在學術領域裏要有自己的身份，要有自己的記錄。建立這個記錄，一開始是比較難的，但是建立起來以後有長遠好處。有些年輕學者覺得自己生不逢時、懷才不遇，有點時候是陷入了心理誤區。我們永遠不要去期待別人欣賞你的潛力、購買你的潛力。你先創造個紮實的記錄，才能引用你過去的成績讓人家相信你有潛力，相信給你的研究投資會有回報。

我們在申請課題時，跟做論文一樣，最重要的是選題。你選了一個重要的題目，機會就有了一半。如果你選的題目無關緊要，機會就很小。太過投機當然也不行，前段時間有個笑話，說有人研究周永康的法治思想。周永康主管政法委那麼長時間，當然有他的法治思想。但是，這是不是個學術研究的題目，可能要打個問號。

至於項目書具體怎麼寫，我就不細講了。大家可以去參考Adam Przeworski和Frank Solomon寫的一個小冊子，叫 *The Art of Writing Proposals*，網上一搜就可以搜到。還有幾點要提醒大家。第一，寫課題申請時要說服人家你有能力來做這個研究，這就像寫文章一樣，需要準確把握現有研究，通過講現有研究的不足來證明你有能力做得更好。第二是預算。做預算時千萬不要出現那種很可疑的項目，比如雜項開支十萬元人民幣，這就等於自己邀請評審槍斃你的申請。還有個細節是文獻目錄，一定要選擇最新、最權威的文獻。如果你2015年申請課題，而你的最新文獻是2012年的，或者說有一篇公認最重要的文獻沒出現在你的文獻目錄裏，就可能出問題。文獻的格式也很重要，就像Przeworski說的，很多人評審時實際上先看文獻。如果項目書的文獻目錄亂七八糟，那就沒任何機會。

寫項目申請時需要注意什麼？

學者的自我修養

自我管理：治學就是自治

關於治學，我講過很多東西了，現在講的是廣義的治學。也就是說，看看我們作為學者有什麼資源，然後要「治」，就是管理，就是把沒秩序的變得有秩序，把秩序不良的變得比較良好。作為學者，我們實際上有兩個資源，一個是祖祖輩輩傳下來的、我們從父母那裏繼承的那點聰明才智，另一個是我們每天的24個小時。我們每天只有24個小時，多也多不了，少也少不了。我們一生頂多100年，其中30年是睡覺。人生是很短的一段時間。我們可以用這段時間來及時行樂，我們也可以充分利用這段時間，把它變成最高貴的時間。

學者跟普通職業的最大區別在於治學就是自治，就是開發自己、發揮自己，把自己的價值最大化。在這個意義上，學者用功完全是自私自利的。作為學者，我們沒理由說自己每天工作得很辛苦，因為工作很辛苦完全是為了自己，這就是學者的使命。遇到工

作狂學者,你可以關心提醒他不要把自己過早燒光耗盡,但根本不用同情他,因為他樂在其中。當然,樂在其中不意味著沒有艱難困苦。我們每個人做研究時都要挖空心思,如果這個時候還感到很愉快,那就是受虐狂了。我們前面反覆強調,做研究就是要突破極限,而突破極限是個很痛苦的過程。儘管如此,突破極限之後,就會覺得突破過程是個值得回味的過程,因為你是在發展自己。我們青少年時都有一段非常難過的日子,就是所謂「成長的痛苦」。不管是男生還是女生,長身體時都很痛苦,心理上也很痛苦,有很多煩惱。但是我們回過頭去看,會覺得這個階段是自己的黃金時代。做研究也是一樣的,天天做實驗、查文獻、分析數據,說這個過程不痛苦,那是假話,但這個過程不是純粹的痛苦,用喝茶的行話說,有回甘,因為我們是在發揮自己的才能,是在培養自己的功夫。

既然廣義的治學是經營自己的才能、經營自己那點資源,那麼學者想要完成自己的使命,首先必須保護我們這點寶貴的資源。2010年我在上海財經大學跟那些海歸老師座談,提醒他們要想方設法、千方百計保護自己的時間,尤其是保護自己最優質的那段時間。我們每天可能清醒十幾個小時,但只有那麼一兩個小時,頂多三四個小時是最優質的時間。這段優質時間無論如何也不能輕易放棄。要做到什麼地步呢?要做到人家覺得你很怪、覺得你不講理的地步。

我沒完全做到這一點，但我可以告訴大家兩個抱怨。第一，我的妻子經常抱怨，說我的時間好像比別人的寶貴，好像我做的事情都那麼重要。這是因為我非常小心地保護自己的時間。她有時候要出去買東西，我自告奮勇陪她去，她說：你還是呆在家裏比較好，你去了我就緊張，反而沒辦法放鬆下來買東西。我在中文大學任教也留下個很壞的名聲，就是李老師上午永遠找不到。前兩年，我是一個委員會成員，主任是院長。如果需要我參加會，他就把會安排在中午或下午，不然我肯定不去。我原來是系研究生部的負責人。一個學院有好幾個系，每個學院要往研究生院派個代表。有一年不知道怎麼回事他們投票把我選成了代表。研究生院給我發過不少開會通知，我一次也沒參加。最極端的情況是，有次校長要約見我，他的秘書發郵件說校長上午10點到11點之間有空。我說，請您安排在11點半以後。那時我的黃金工作時間是晚上10點到早上2點，讓我早上出去開會就等於讓我犧牲這段時間。

總而言之，我們學者一定要有高度的自律，知道最優質時間自己應該做什麼、必須做什麼。這也是對自己負責任。作為學者可以不斷開發自己是個難得的特權。我們要努力自治，盡我們的力量完成我們的職責、完成我們的使命。

自我懷疑：疑人不如疑己

我認為治學有個境界，叫做「疑人不如疑己」。前面說了，學者的使命是創新和承傳。無論是創新，還是承傳，我們都要懷疑別人。但懷疑別人的目的到底是什麼？我覺得，懷疑別人是因為我們可以在別人身上看到自己的影子，懷疑別人的目的不是為了懷疑別人，而是為了懷疑自己，懷疑的著眼點應該落在自己身上。學術界的懷疑，大部分都是在懷疑別人。我們經常面臨的情況是眼高手低。首先要有眼界，眼界高了以後才知道自己手上功夫低，然後，應該做的就是不斷提高自己手上的功夫，達到我們希望的境界。

我們如果聽過自己說話的錄音，一定會注意到那個聲音跟自己說話時聽到的聲音很不一樣。我一開始聽到自己的錄音，第一反應是我說話怎麼這麼難聽？我們要提高自己，首先就要走出這樣一個陷阱。為什麼我們聽到的自己說話的聲音跟我們實際說話的聲音有那麼大的差距呢？這可能是進化的結果。如果沒有這種心理保護，人的生存狀態可能很悲慘。實際上，沒幾個人能夠完全實事求是地面對自己。這不是我說的，是原來在芝加哥大學政治學系教書的哲學家Jon Elster說的。他說，每個實事求是看待自己的人都是病理性抑鬱症患者（clinically depressed）。我們每個人心目中自己的形象跟那個比較客觀的形象都有很大差距，我們要利用這個心理落差。

如何利用自己的「眼高手低」？

　　廣義上講，魯迅先生講的阿Q精神是必不可少的，沒有阿Q精神，人很難活下去。但是，不能僅僅活下去，還要超越魯迅先生講的阿Q精神。我們已經知道了，眼界比手上的功夫高。這個落差一定要用在自己身上，這樣對自己才真正有用。如果這個落差是針對他人的，那就變成了我說的「疑人」了。天天去看別人的不足是很容易的，但如果總是用那種輕飄飄的感覺看其他人，總是懷疑別人，很可能給你製造一種虛幻的優越感，讓你覺得自己很厲害。但實際上，你沒那麼厲害。大家如果去參加國際會議，就會發現有那麼幾號人每次開會時都能發表非常高明的評論。所謂高明，就是他指出問題時一針見血，充分展示了他聰明絕頂；講得負面點，就是一劍封喉，一下子就把人家打倒了。但時間長了以後你就會發現，這些人點評別人下的棋是超一流水平，但自己下棋時可能只是中等實力水平。這就不對了。點評別人時是超一流，自己下棋是強九段，那是對得起自己的，因為每個人的眼界和手上的功夫都有差距。但是，如果點評別人時是超一流，自己下棋時是三四段的水平，那我就覺得他有點對不起他自己。為什麼不把點評別人時的那點聰明才智用在自己身上呢？這才是對自己真正有幫助的。所以說，疑人不如疑己，與其把你的時間、精力、聰明才智用在懷疑其他人身上，不如用來懷疑你自己。

元朝有個高僧叫高峰和尚。高峰和尚經常跟學佛法的人說，很多人學法，但學得一知半解，沒辦法了徹生死大事，問題出在哪裏呢？高峰和尚說，「只為坐在不疑之地」，問題在於不懷疑自己。不懷疑自己有很多表現方式，比如，不懷疑經典、不懷疑老師、不懷疑領導的指示，表面看起來是不懷疑別人，實際上就是不懷疑你自己。好比說，表面上看你是不懷疑佛經，但實際上你是覺得自己看到的就是佛經的本意，這就是不懷疑自己。要想真正明白是怎麼回事，就得懷疑。

這方面很難用學術研究舉例子，因為學術研究往往沒有硬標準。但在翻譯裏例子就很多了。之前我提過，要過閱讀關，最好準確翻譯十萬字，哪怕準確翻譯一萬字也可以，關鍵是要準確。就好比說，練習投籃，對著籃筐隨意投球是沒用的，投多少都沒用。同樣，練習書法，拿著毛筆隨便寫一通也沒用的，而且還會起相反的作用，這是啟功先生講過的道理。所以，我之前強調要準確翻譯。翻譯時怎樣才能做到準確呢？關鍵就是要懷疑自己，永遠不要因為這個詞看著很熟悉就覺得自己的理解正確。這實際上需要一種很特殊的敏感，就是稍微有點不對勁立刻就懷疑。我前一段時間看德文時遇到一個詞，allein。這個詞在德文裏很普通，就是alone的意思。但是，放在那個句子裏，如果理解為獨自或單獨說不通。我查字典才知

道，這個詞在18、19世紀，意思是「然而」。如果我沒有這種敏感，沒有這種懷疑自己的精神，那我肯定就譯錯了。

2011年我在德國圖賓根（Tübingen）住過三個月。我注意到書店裏有好多有聲書（audio book）。這種書不是用來讀的，是聽的。其中有一本是尼采的《查拉圖斯特拉如是說》。我感到很驚訝。尼采這本書有幾個中譯本，最高明的無疑是徐梵澄先生的譯本。讀徐先生的翻譯，會覺得文采很好，基本上能看懂，但是有些句子要反覆讀好多遍才能看懂。我沒問過德國朋友是否能聽懂尼采的書，但我估計應該像我們聽魯迅先生的雜文一樣，肯定不像聽評書一樣可以邊開車邊聽。徐先生的譯本已經非常了不起，但如果我們把他的譯本做成有聲書，大概沒幾個人能聽懂，反覆聽也聽不懂。德文原文是可以做成有聲書給普通的有知識的德國人聽，中譯本只能讀不能聽。這說明徐先生的偉大譯本跟原文仍然有不小的差距。有的譯本可以聽，但是我肯定聽不下去，因為我覺得乏味。打個比方，尼采的原著是一瓶頂級人頭馬，徐先生把它變成了一瓶頂級茅台，有的譯者卻把它變成了一瓶農夫山泉。

我鼓勵大家做點翻譯，就是因為翻譯時最容易體會自我懷疑的價值，也有助於培養自我懷疑。1981年北京大學的王太慶先生到南開大學哲學系講課。他說，如果你看不懂翻譯的書，那就是譯錯了。翻譯史上有很多的笑話都是因為譯者沒看懂，不一定是譯者

外語水平差，很可能是因為譯者太缺少懷疑精神，自以為懂了但實際沒懂。如果看了一遍沒完全看懂，那就應該去查字典。魯迅先生當年批評過趙景琛先生，趙先生把 the Milky Way 翻譯成了牛奶路。趙先生其實是一位很了不起的劇作家、文學家，也是認真負責的翻譯家，但就這麼一念之差，很多人忘記了他的功勞，只記得這個翻譯界的笑話。換句話說，一個人可能做了一百件很有價值的事情，但學術界不會充分欣賞他的貢獻，一旦他出個很荒謬的錯誤，人家立刻就把水平差的標籤貼在他身上，想擺脫也擺脫不了。所以，我們看別人時，一方面要厚道點、公平點，要想到他雖然犯了一個愚蠢的錯誤，但也做過很多有價值的事情；另一方面，也不要幸災樂禍，不然，這樣愚蠢的錯誤轉眼就會發生在你自己身上。

我們接著談學術研究。開會時指出別人方法上有缺陷，讓人家下不來台，對自己可能沒什麼好處。如果你肯定那個人確實因為不懂而犯錯，也沒必要在大庭廣眾之下指出來，可以私下跟他講，讓他在那麼多人面前難堪對你自己沒什麼好處。如果你時時刻刻想在別人面前證明你自己高明，那說明你自己不自信。開學術會議時，往往是越有成就的學者，點評別人時就越智慧，也越寬容。反而是那些半瓶醋的學者，表現得很刻薄。他們磨快了刀以後不是對自己下刀，而是專門針對別人。實際上，看別人出錯就等於給了自己一個培養敏感的機會。我們應該用別人那塊磨刀石

磨快自己的刀，從而讓自己分析時更精密一點。也就是說，懷疑別人最後是為了懷疑自己。這樣，才能把眼高手低作為我們進步的動力、台階。如果做不到這一點，令眼高手低成為了常態，甚至享受眼高手低，把眼高變成單純攻擊別人的武器，那就浪費了自己的聰明才智，或者說把自己的那點聰明才智都貢獻給別人了。把批評別人時的那種敏感用在自己身上，才能發揮最大的效應。

當然，我不是否認要有批評精神。但是，作為一個學者，如果只批評別人，那你還沒完成自己的使命，因為你的使命在創新。學術批評是一種公益品，也是學者的天職，我們完全可以在做匿名評審時盡自己的義務。但是，在國際會議場合，在學生論文答辯的時候，在別人求職演講時，這種機靈能少抖就少抖，能不抖就不抖。看到別人摔了跟頭，撞了南墻，應該首先想到自己可能犯同樣的錯誤。這就是自我懷疑的精神，就是疑人不如疑己的意思。

自我實現：追求真實的名聲

我們最後說一下名和利。學者當然要圖利，沒有利怎麼生活呢？學者不能讓家人過上中等的物質生活，是個人的恥辱，更是社會的恥辱。學者當然也要求名，不求名活著有什麼價值呢？我們要在學術界生存，唯一的目的就是要建立自己的學者身份，而建立學者身份就是要創新、要承傳，就是要突破自己的極限、突破學術界的極限，只有這樣，我們才能在學術界有自己的名聲。當然，名聲有實的，也有虛的，我們要追求的是那些實的名聲。但是，就像叔本華說的，「財富如海水，越喝越渴——名聲亦然」。學術界有些人非常熱衷搞學派，熱衷拉一幫人創什麼什麼學，這就走偏了。我研究信訪這個現象，是不是有必要搞個什麼信訪學呢？我覺得沒這個必要。1980年代初中央領導說要重視人才培養，當時有兩位先生搞了個人才學，《光明日報》頭版報道，兩位先生到重點大學巡迴演講。現在還有人提人才學嗎？當然，我們對這樣的現象也要有點包容。但是，我們要注意一點，為了抬高自己的身份而輕率提出某某學，動輒自封某某學派，對學者特別是年輕學者是個十分危險的誘惑。學者要自信，但不能狂妄。

不過，要實現和保持心理平衡，需要很好的修養和自我調節能力。在學術界，尤其是社會科學和人文

學科，要建立有底氣的自信是很困難的。很多時候，學者們好像特別樂於彼此貶低、彼此懷疑，甚至彼此攻擊。同行之間如此，學科之間也如此。比如說，經濟學家看不起社會學家，社會學家看不起政治學家，政治學家看不起倫理學家，倫理學家看不起哲學家，哲學家可能還看不起文學家。這都是不健康的心態。在體育運動裏，你說你跑得快，我說我跑得快，那就到運動場比比好了，用不著打口水仗。但是社會科學界、人文學科界、藝術界往往缺乏客觀的標準，很難判斷誰做得更好。有的人就把自己所在學科最優秀的成果變成自己身上的光環。假設一個人是學經濟學的，另一個人是學社會學的，經濟學作為一個學科可能比社會學高明成熟，但這不意味著經濟學家可以看不起社會學家，因為任何一個經濟學家都沒資格把經濟學的光環變成自己的。如果多數人這樣想，學術界就健康多了，也不會為了成立一個什麼學派那麼處心積慮了。

我覺得內地有極少數老師不是在教書育人，也不是在利用年輕的學生，而是在紮紮實實地毀滅人才。如果老師告訴學生這個課題方向是可以做的，學生做完以後有了獨立的學術身份，對老師來說其實也有好處，因為學生的成績也是他的成績。但是，有些老師是在誤導年輕人，最有效的誤導方法就是培養學術明星，製造學術天才，甚至奇才。還有就是要求學生做自己做不到的事。很多書自己沒看過，可能也看

不懂，卻偏偏要求學生必看，彷彿自己看過，也看懂了。更等而下之的是讓學生吹捧自己，像《天龍八部》裏那個丁春秋一樣。這些不健康心態，壓根兒就是自我膨脹，結果是一些學者自覺不自覺地變成了邪教頭，表面看起來是個學派，實際上是個cult（邪教）。年輕的老師，尤其是年輕的學生，對此一定要提防，不要因為哪個學者名氣大了就覺得他多麼了不起。判斷一個學者有沒有本事、有沒有底氣，最簡單的辦法就是看他會不會自嘲。如果一個人在任何場合都說自己的研究如何了不起、自己如何聰明，那這個人就一定有作偽的一面。他可能不是一點本事也沒有，他可能有一滴水，但吹成了一個泡。有時候我覺得我不應該在學術界混，因為我的個性確實不太適合學術界這樣一種生存環境。尤其是去美國開會時，每次聽到那些年輕的學者、年輕的研究生在台上自吹自擂，我都替他們感到很難為情。難道你們就活得那麼沒自信嗎？那些自吹自擂的人在吹噓自己的時候，是不是其實都透露出了他們的焦慮？

炒作這個問題，我在這裏就不具體說了。就像季羨林先生說的那樣，你可能有點本事，是一塊兒人造黃油，放到湯裏，能看出一點油珠來，但如果去炒作自己，就相當於拿人造黃油煎東西，一下鍋就變成一縷青煙了。學術界當然有天才，但是你什麼時候聽說愛因斯坦教別人怎麼做物理？陶哲軒會開講座跟你說怎麼研究數學嗎？張益唐開個講座也無非是滿足大

家的好奇心，讓你看看他這個人是怎麼回事，為什麼那麼大年紀還能在數學上做出成果。你聽了他的講座也還是不知道怎麼做數學。超人的天才是有資本炒作的，但他們不會炒作，炒作的人往往是失心的瘋子。

幾點小心得

我今天能跟各位講這些東西，要感謝很多老師。我運氣很好，從小學到博士，都遇到了很好的老師。對我影響最大的是南開大學的車銘洲老師。我曾經跟他講過很多讓我很焦慮的事情。比如我當時問他，為什麼我學英語這麼長時間總也不進步？車老師說，這叫高原現象，你到的地方越高，往上走就越難，你很長時間覺得沒進展是正常的，等你再往上走終於突破高原區的時候，你自己都不知道。這解掉了我當時一個很大的困惑。

我1978年進大學，那個時候全民學英語。我中學時沒學過英語，進了大學以後從零開始，壓力巨大。很多同學學過好幾年英語，上課時人家在那裏念課文，而我連26個字母都認不全。有段時間我不想學了，因為那麼多基礎很好的人都在學。車老師用一句話就解決了我的問題。他說，學的人很多，學好的很少。

第三個我永遠忘不了的教訓，或者說經驗，是有次我跟車老師說，我晚上躺在床上的時候感到很惶恐，覺得自己什麼都不會，腦子空空的。車老師說，我們學過的知識會忘掉，但是在學習過程中獲得的能力是忘不掉的。聽到這樣的話，你會不會覺得很有信心，覺得自己還有點東西？要克服焦慮，建立信心，我們需要多少呢？不需要多，知道車老師指出的這一點就可以了。

總感覺自己好像什麼都沒學到，怎麼辦？

學者追求什麼？學者不能追求成就感，不能追求成功，因為成功是由別人來肯定的。我從來不追求成就感，我沒什麼雄心壯志，但是我有個追求，就是剛才跟各位強調的自我實現。祖祖輩輩給我們留下來的這點聰明才智是我們的資產。從小學開始，社會就給我們提供了很多特權，我們能上大學是以很多人不能上大學為代價的，我們能做學問是以很多人做那些枯燥、重複、無聊，甚至折磨人的工作為代價的。我們有這麼優越的條件，遇到了這麼多好老師，我們要努力實現自己的價值，這樣才沒白活。別人承認不承認我不在乎，我也不追求別人的承認。

學術的艱辛和愉悅都在極限工作，以求不斷突破自我。只要是實做研究，不是單純做文章，永遠不會駕輕就熟。有研究經驗，能知道黑暗中大體摸到何處，離洞口尚有多遠，少些惶恐茫然，多點耐心堅韌。已有的成績，只是自信的憑據，不是成功的保證。除非甘心自我克隆，否則選題就是自討苦吃，

材料永遠繁雜難解，文獻總是半生不熟，分析必須挖空心思，寫作始終慘淡經營，發表永如萬里長征。天才自當別論，「忽悠」更須別論，中人之材而有志於學，聽聽實話，或許有助於增強耐心韌性，少受以順為逆之苦。

這段話是我2009年寫的，其實就是講一個道理，我們作為學者不可能進入爐火純青、駕輕就熟的階段。哪個學者跟你說他現在做研究駕輕就熟，那一定是撒謊。張益唐先生這樣的數學天才現在日子過得好嗎？如果他還像以前一樣做研究，那一定過得不那麼好；如果他覺得日子過得很愜意，那就證明他已經不做研究了。學者不必追求什麼成就感，更重要的是要追求自我實現。

做學者是否有駕輕就熟的一天？

學術生涯是一場漫長的比賽

最後我想說的是，學術生涯是一場漫長的比賽。我們要調節心情，或者說要明白，想做好一個學者，就不能把學術當成一個很神秘的東西。千萬不要讓人家覺得做學術研究如何如何難，如何如何了不起，如何如何有方法、有技巧。沒有那麼多東西，自己動手去做就行了，做一做你就會了。就像學書法一樣，我推薦各位看《啟功給你講書法》，很薄的一本書。啟

功先生跟很多文人、有些學者最大的區別在於，他講
的都是心裏話。當然，學術有沒有技術呢？有技術，
加州大學分校政治學系原來的系主任 Aaron Wildavsky
寫過一本書，書名就叫 *Craftways: On the Organization
of Scholarly Work*。他強調做學術跟做手工、做工藝品
一樣，有很多技術活要做。這本書也值得大家看。
另外，我們之前提過了，如果要寫研究經費申請書
（proposal），可以參考 Adam Przeworski 和 Frank Solomon
寫的 *The Art of Writing Proposals*。

做學術有沒有技術？

方法論的書值不值得看呢？我告訴各位，首先要
看看這個作者是不是做研究的，不做研究的人寫的方
法論書不要看。第二，要看看這個作者是在什麼地方
做研究。政治學裏的方法論經典 KKV（*Designing Social
Inquiry: Scientific Inference in Qualitative Research*《設計社會
探究：定性研究中的科學推理》）值得看，但是千萬不
要把這本書當作實際的操作指南，不要太高看自己。
這本書的三位作者 Robert Keohane、Gary King 和 Sidney
Verba 都是天才，而且他們都在美國頂尖的大學任教，
我們既不是天才，也顯然不具備他們具備的研究條
件。如果拿他們的標準衡量自己，那是自討苦吃。
KKV 的書要看，但看的時候就相當於讀馬克思。我們
通過讀馬克思知道了什麼是共產主義，但這是不是等
於說我們現在就要去追求共產主義呢？這是要打個問
號的。KKV 的書假定學者有無窮的才能、無限的自
由、無盡的資源，我們能做到嗎？你可以心嚮往之，

但是想在學術界謀生存，還是應該腳踏實地。

　　最後一點想跟各位年輕的老師講的，就是千萬不要著急。按照日本的圍棋賽制，每方八小時或六小時，保留讀秒時間，一盤棋下完往往需要兩天時間。最後的勝負是多少？不少情況下是半目棋，折合成中國的算法就是四分之一子。學術界爭的是什麼？爭的是提高自己。只要你在提高自己，那麼你這個學者就沒白當。

與青年學者談生涯焦慮

解題

我先解題。首先說什麼是青年。叔本華說，青年人有個特點，無論你跟他說什麼，他都認為生命是個無止境的過程，然後用這樣的態度來對待時間。換句話說，青年有個特點，認為個人生命無限，覺得自己永遠有時間。

學者是什麼意思呢？學者是從事學術活動的人。學術既有用又沒用。一方面，學術歸根結底是有用的，它的存在，歸根結底是一個民族有正常的勞動分工，有人謀取基本生存的材料，有人從事智力活動。從事學術活動的，應該是一個民族最聰明的成員。所以，如果一個民族足夠聰明，就會為自己最聰明的成員留出足夠的時間、空間，創造足夠好的生活條件，讓他們專心致志地把學術做好，從而在與其他民族競爭時贏得智力優勢。另一方面，學術很多時候顯得沒用，原因之一是學者做的事看起來可能與民族的具體需要無關，原因之二是學者在從事學術創造時似乎不

考慮他的研究是否有用。學術的這個二重性，是青年學者生涯焦慮的最主要根源。

什麼是生涯？生涯不是簡單的生存。如果簡單謀生存，只是求有房住、有車開、衣食無憂，沒有必要當學者，因為當學者很辛苦。任何時代都有很多謀生方式，經商、從政，作為謀生方式都比學術有效。當然，如果除了讀書別的都不會，那也只好以學術謀生，這樣，生涯焦慮也是生存焦慮。不過，我覺得學者的生涯焦慮可以首先是生存焦慮，但不應該僅僅是生存焦慮，原因是學者還有使命。學者有兩個使命，都很難。學者一要有創新，沒有創新就沒有大用。不過，人類的文明有個特點，就是創造非常困難，毀滅非常容易。我記得三十年以前在湖北參觀過出土的編鐘，覺得很奇怪。我們的祖先兩千多年前就創造了那麼複雜的樂器，但是中華民族的複調音樂一直沒發展起來。專家說，編鐘已經符合巴赫的十二平均律，但是我國流傳下來的民族音樂卻沒有達到這個程度。所以，學者除了創新以外還有另外一個重要使命，就是傳承，我們學前人的創造，一定要達到他們的最高水平，然後把這個最高水平傳遞給年輕一代，讓他們很快就能進入創新的角色。所以，學者不僅僅是面對生存壓力，還有一種使命感，學者的生涯焦慮有特殊性，值得談一談。

什麼是焦慮？焦慮是過度緊張。緊張是不正常

的狀態。正常的、自然的狀態是不緊張，但是人在正常的、自然狀態下沒有創造力。我們要想進行創造，就得達到自己能力的極限，突破自己，這就一定要緊張，而且要高度緊張。體育運動是緊張的，腦力勞動是緊張的，體力勞動也是緊張的。如果緊張過了頭，就變成了焦慮。比如說，寫一篇論文，你進入焦慮狀態，那你就睡不著了，睡不著整個身體就垮掉了。睡不著不僅是個生理狀態，也是個心理狀態。

怎樣管理生涯焦慮？

怎樣對付生涯焦慮呢？首先得樹立一個觀念：焦慮是無法克服的。千萬不要相信做學者可以沒有焦慮，這是不可能的。有的人可能問我，你自己現在還焦慮不焦慮。我當然還焦慮，我焦慮了二十多年，現在也焦慮。但是，我不指望克服焦慮，只追求管理焦慮，儘量讓它接近高度緊張，不讓它有破壞性，更不讓它有毀滅性，儘量地讓它朝那種創造性的、張力的方向發展。各位如果從管理的角度想問題，生涯焦慮就沒那麼可怕了。

「克服焦慮」VS「管理焦慮」

現在我講講怎樣管理生涯焦慮。管理焦慮，最重要的是要分析根源，分析焦慮是怎樣產生的。有些

焦慮是怎樣產生的？

青年學者的生涯焦慮是出於個人根源，沒把自己的位置擺正，說穿了自我迷信。例如，焦慮的最大根源是急於成名成家，但是，一般來說，在社會科學領域，成名成家不是青年人應該享有的東西。年輕本身就很美好，不要奢望錦上添花。成名成家需要資本，社會科學研究成果的特點是需要時間檢驗。如果年輕人希望馬上就成名成家，就會焦慮。這個焦慮就是韓愈講的：「內不足者，急於人知。」「急於人知」這個「急」就是焦慮。我們看學術界，可以看到「急於人知」的基本上都是「內不足者」，心裏有根的人不著急。我們從事學術活動可以豐富自己的內心，這就是巨大的收穫。我覺得當學者是現代社會最接近馬克思理想的工作，一生一世唯一的工作就是充分發揮自己的才能，發揮創造力。從這個角度來看，年輕學者沒有必要著急成名成家。多追求自己的個人實現，少追求需要別人肯定的成就感，這樣可以有效管理生涯焦慮。

自我迷信的另一面是迷信名人。自己想當名人，自然就把心中的名人神聖化，否則不會有這麼大的興趣成名成家。迷信名人免不了失望，免不了幻滅，於是有興趣「屠龍」。我覺得犯不上屠龍。無論我們做什麼，總是要沿著兩個向度思考。首先問值不值，其次問能不能。值得做的，往往做不到；做得到的，往往不值得。眾所周知，學術界有大大小小的水泡，有些泡不僅特別大，還金光閃閃。如果我們知道這些金色大氣泡的底細，特別是如果這些大氣泡對我們的學術

如何對待學術界存在的「氣泡」？

發展是個障礙，甚至是大障礙，我們很自然會想把它們捅破。這個時候，我建議年輕人注意點策略。捅破氣泡在道義上是對的，對自己和其他年輕人都有利，但具體操作時需要注意兩點：一要看吹泡的人是否心存欺瞞，二要看氣泡是否已經在自行縮小。即使下定決心去捅破一個惡劣的氣泡，最好也是輕描淡寫地掃一針。原因很簡單，我們不用擔心好人動怒，但是務必警惕壞人冒火；好人動怒不會動手，壞人冒火必然報復，必然糾纏不休，我們既惹不起，也躲不及。

生涯焦慮的另一個根源，尤其是我們做政治學、公共行政研究的人，是選題難。有些問題，我們知道它非常重要，但是我們不能去研究，或者覺得研究了不能發表。我覺得可以做個二分法。有些問題，可以叫做中國政治中的「毛澤東問題」。中國就像一艘巨大的客船，「毛澤東問題」就是船長問題，就是誰當船長，怎樣保證船長頭腦清醒，判斷正確。除了「毛澤東問題」，還有「周恩來問題」。不管誰掌舵，船要正常運轉都要解決很多問題，比如衛生問題、發動機的運轉問題、飲食供應問題，這些是「周恩來問題」。青年學者如果覺得選題難，不妨考慮多研究「周恩來問題」，這樣就可以有效管理生涯焦慮。

如何降低「選題難」的焦慮？

生涯焦慮的第三個根源是方法論迷信。學術界有個不健康的現象，就是方法論崇拜。比如，有些人會做定量分析，就認為定量方法是唯一科學的方法，這就是方法論迷信。如果我們不做定量分析，也不會

如何對待方法論焦慮？

定量方法，但是接受這種迷信，我們就會焦慮。要管理這個焦慮，可以樹立一個觀念，方法歸根結底是個工具，我們是用戶。用戶面對工具，要鄭重其事。比如說，我們對待一把菜刀，用它切菜、切肉，當然得鄭重其事，否則就會切自己手指頭。但是，鄭重其事不是迷信，我們不要迷信這把菜刀。有時可能不需要用它，需要用的時候，也不需要明白怎樣磨菜刀、怎樣做菜刀。換個比喻，定量方法好比是一輛汽車，十分複雜，我們只是開車代步，會開就行，不要操心修車、造車。這樣對待計量方法，就可以減少很多焦慮。

最後說一點，生涯焦慮歸根結底是因為發表難。無論什麼時候，無論在什麼地方，發表都很難。我沒有什麼好辦法，只能提醒年輕學者注意一個問題，就是關於中國政治的研究有三個學術傳統，寫文章時要考慮自己的文章適合哪個傳統。第一個是美國傳統，這個學術傳統是批判的、實證的，不過也有個背景，就是美國和中國是競爭對手。既然是競爭對手，這個學術傳統就有一些不說出來的假定，年輕學者寫文章要注意這些假定。第二個學術傳統是歐洲傳統。二戰後，歐洲人主要把中國當鄰居，歐洲學者研究中國採用的路徑和英美學者不一樣。第三個傳統是中國傳統，就是我們面向中華民族的歷史、現在和未來研究中國政治。這個傳統還有待建立，現在一些時髦說法其實只是一廂情願。年輕學者如果想用英文發表，可以選擇美國傳統。如果想在歐洲的學術刊物發表論

如何根據不同的學術傳統寫論文？

文，可以採用歐洲傳統。至於怎樣在內地的刊物發文
章，我沒有資格討論，因為我自己沒有發表過。

跋：
告別方法談

　　這幾年，我在內地走江湖談方法，對有心人也許不無提示效果，但助長了我的虛榮。叔本華説：「財富如海水，越喝越渴——名聲亦然。」幾位老友説，我談方法掙得了薄名。這是及時的提醒，我年初在中山大學告別了方法談。趁本書出版，我再告別一次，順便也再嘮叨兩句。

　　方法談正日漸興盛，培訓班如雨後春筍。面對談方法的人，不管他（她）名頭多大，識別真偽，只需要問一句：您是否心口如一，言行一致？談方法的意義是在一般與個別之間搭橋；方法談很容易變成誇誇其談；方法論專家往往紙上談兵；非方法論學者往往拔高自己；著作等身 ≠ 有學術貢獻；有學術貢獻 ≠ 有方法自覺；有方法自覺 ≠ 有學術良知。

　　錢鍾書先生説：「大抵學問是荒江野老屋中，二三素心人商量培養之事，朝市之顯學，必成俗學。」在學術界謀生存，得老老實實學外語，學技術，學理論；不能指望「呼嘯」，不能指望「野性」，更不能指望「本土化」。

240

老友于建嶸有「三不」原則，第一條就是不把自己當人物。我信受奉行。不過，這本書多少有點「人物腔」。我把敦促我侈談方法的朋友列出來，請讀者幫我決定，究竟應該感謝他們促使我做了點有益之事，還是責怪他們蠱惑我自曝其短。

我特別感謝的是：中文大學熊景明女士；杜克大學牛銘實教授；中國社會科學雜誌社理論部胡榮榮女士；山東大學葛荃教授、貝淡寧教授、馬奔教授；中山大學馬駿教授、肖濱教授、何艷玲教授、劉軍強教授；華東政法大學張明軍教授、任勇教授、李明坤博士、李俊博士、嚴海兵博士；上海財經大學(現浙江大學)耿曙教授；浙江大學郁建興教授、高翔博士；南開大學孫濤教授、吳志成教授、常健教授；河南大學張向東教授；鄭州大學樊紅敏教授；上海外國語大學(現北京大學)汪衛華博士；上海交通大學鍾揚教授、魏英傑博士；華東師範大學田雷教授；清華大學張小勁教授、景躍進教授；中國人民大學楊開峰教授、劉鵬教授；貴州大學黃其松教授；貴州師範大學古洪能博士；華南理工大學王郅強教授、王歐博士；中文大學出版社林穎博士、林驍女士。

無論告別什麼，總難免有些惋惜。畢竟，揮別的是一段永遠找不回來的生命。

李連江

2018 年 3 月 29 日